"社会工作硕士专业丛书"学术顾问委员会

主 任

王思斌

副主任

谢立中　陆士桢　张李玺　徐永祥　关信平　史柏年

学术顾问委员会成员
（按音序排列）

蔡　禾　陈光金　陈树强　陈　涛　高鉴国　顾东辉　雷　洪　林　卡　刘　梦
马凤芝　彭华民　钱　宁　沈　原　史铁尔　隋玉杰　田毅鹏　田玉荣　王　婴
向德平　熊跃根　薛新娅　张　曙　张文宏　张友琴　钟涨宝　朱眉华

社会工作硕士专业丛书

农村社会工作
理论与实践

RURAL SOCIAL WORK:
THEORY AND PRACTICE

古学斌　著

社会科学文献出版社
SOCIAL SCIENCES ACADEMIC PRESS (CHINA)

此书献给养活了我们的农民们,
同时也为那些在农村默默耕耘的社会工作者加油!

鸣　谢

此书中的研究项目先后得到凯瑟克克基金会、择善基金会资助，以及利丰社会政策基金和香港 RGC 研究拨款（项目代码：PolyU 5491/09H；B-Q39N）的经费支持。

这些年来，能够落地深耕在中国美丽的村（寨）里，非常感谢乡亲们的接待和宽容，也感谢"一路上有你"的农村社会工作的伙伴们，包括张和清、杨锡聪、黄亚军、齐华栋、向荣、陆德泉、杨静、朱皓、刘静、洪蓓、莫青华、张杨、娄碧伟、刘庆伟、欧阳令芝、吴月琼、钱亚、王永华、刘芳、滕爱聪、甘泉、李洁、廖勇、阳珍丽、许景皓、张蕾、崔小维、闫红红、张文浩、郝雪云、饶琪弘、郭燕平、张庆华、裴建忠、曹恩濡、康进、余长芳、黄艺、金恩实、强朝兴、孔亮、洪金、吴素华、陈敏芳、万乙晔、林枫桦、何超杨、黄海澜、任浩、唐皎……

特别感谢麦萍施、阮曾媛琪（阮太）和王思斌老师一路上的支持和鼓励。

前　言

执笔书写此书之际，回想起 17 年前我们与香港理工大学阮曾媛琪教授邂逅的一幕，当时她不断地告诫我们，"中国要发展社会工作，一定要有农村社会工作。"是的，社会工作专业是在西方工业化和城市化脉络下建立起来的，中国社会的发展路径和社会脉络与西方皆不相同，如果没有农村社会工作，中国社会工作将有一大空缺，进而无法真正回应中国社会的核心问题。

那年是 2001 年，也是香港理工大学与北京大学合办社会工作硕士（中国）课程的第一年。我们相聚在云南上课，那时候大家风华正茂，怀着一腔热情，希望能够推动中国社会工作的发展。农村是中国社会的根，在剧烈的社会变迁中面临巨大的挑战。农村社会工作如何回应中国农村问题对我们而言是陌生的。在阮太的鼓励下，云南大学和香港理工大学开始携手探索中国农村社会工作的理论与实践的模式，我们一群人（早期的队伍包括张和清、杨锡聪、向荣和朱皓）开始扎根农村，精耕细作。后来中山大学与香港理工大学继续往前走，推动成立了广东绿耕社会工作发展中心，我们的脚步从云南的农村到四川、广东……这是一条艰难的道路，常常举步维艰，心情跌宕起伏——有时兴奋不已，有时心痛沮丧。但是每当看见所在农村社区有了一点点改变，我们就有了力量继续往前走。这样，一路走来，我们的农村社会工作探索之路已过了 15 个年头。虽然一路上磕磕绊绊，但是总算探索出一条团队至今还依然坚持的城乡合作的农村发展道路。

社会工作是一门实践性的专业学科，其研究并非纯粹为了研究而研究，理论的建构也并非为了建构所谓的纯学术理论。社会工作是为了实践而开展研究的。这正是社会工作知识的本质，也是与其他学科区别之处。一般而言，其他社会科学研究的目标主要是描述社会现象、理解社会以及解释社会的运作机制、社会问题形成背后的原因。虽然社会工作也同样从事这样的研究，但社会工作会更进一步探索解决社会问题的方法和路径。譬如社会工作研究农村贫困的问题，并不只是了解农村贫困的现象、解释贫困形成的原因，更是在了解问题的根源之后，更进一步寻找消除农村贫困的策略和方法。我们如此做乃是忠诚于社会工作专业的理念和价值。2014年在澳大利亚墨尔本召开的世界社工联合大会再一次强调社会工作专业的使命："社会工作是以实践为基础的专业，是促进社会改变和发展、提高社会凝聚力、赋权并解放人类的一门学科。社会工作的核心准则是追求社会正义、人权、集体责任和尊重多样性。基于社会工作、社会学、人类学和本土化知识的理论基础，社会工作使人们致力于面对生活的挑战，提升生活的幸福感。"

通过《农村社会工作：理论与实践》一书，我们希望再一次提醒自己和读者，我们所创建的知识乃是为了实现我们专业的目标。社会工作是实用性很强的学科，所以它的研究也是有实用和实践取向的。要生产实践性的知识，依靠传统的研究方法是不可能的，我们必须另辟蹊径，进入生活世界、实践的现场，通过以身为度、亲身实做、自我探究，才能生产出对实务有借鉴意义的知识，与实务界同仁共同去回应社会和经济发展过程中的问题。

此外，本书的案例基本上来自笔者亲自参与的农村社会工作的项目，我们希望从自身的实践中提炼的经验，让读者体会到农村社会工作不是说出来的，而是行动出来的。

理论与研究方法

第一章　当代中国农村发展及其面临的问题　　3
　第一节　农村改革开放与农业商品化　　4
　第二节　中国农村面临的问题　　9
　第三节　走向另类的农村社会工作与农村发展　　20
　小　结　　23

第二章　农村社会工作的理论视角　　25
　第一节　他山之石：西方社会工作的理论脉络　　25
　第二节　功能主义取向的社会工作　　27
　第三节　批判取向的社会工作　　35
　第四节　农村社会工作重要的实践理论视角　　38
　小　结　　53

第三章　农村社会工作研究方法　　54
　第一节　社会工作研究的起源　　55
　第二节　走出主流社会科学研究范式　　57
　第三节　参与式研究方法与农村社会工作研究的转向　　62
　第四节　民族志田野方法与农村社会工作研究　　73
　小　结　　79

第四章　行动研究与农村社会工作的介入　　81
　第一节　行动研究的背景　　82

第二节	行动研究的议题和知识论	83
第三节	行动研究的操作方法	86
第四节	行动研究的步骤	87
第五节	行动研究中的三位一体	90
第六节	行动研究与农村社会工作介入的例子	91
小　结		96

实践议题与案例

第五章　社会工作与农村性别充权实践　　99

第一节	性别与社会工作	101
第二节	中国农村性别不平等的显著议题	108
第三节	中国农村性别赋权行动 ——云南绿寨的案例	112
小　结		125

第六章　社会工作与乡村教育　　127

第一节	反思乡村教育	128
第二节	教育与农村社区培力	130
第三节	农村社会工作与教育行动 ——贵州雷山的案例	132
小　结		145

第七章　社会工作与乡村文化发展　　146

第一节	现代化与农村文化危机	147
第二节	农村社会工作与文化介入	148
第三节	农村文化与发展行动 ——云南师宗的案例	150
小　结		157

第八章 农村社会工作与减贫行动　　158
第一节 扶贫模式及其存在的问题　　159
第二节 社会工作与减贫行动　　163
第三节 乡村社会经济减贫实验
　　　　　——广东从化的案例　　164
小　结　　173

第九章 迈向社区为本的农村社会工作　　177

参考文献　　180

理论与研究方法

第一章　当代中国农村发展及其面临的问题

社会工作是一门实践性学科，它的根本宗旨是维护社会的公平正义，帮助社会上的边缘弱势群体。然而，在社会工作介入社会问题之先，必须准确地把脉社会问题产生的根源。社会问题的形成有些可能是个人的原因，但大部分是制度和结构性因素造成的。所以，每个社会工作者要回应的都是社会结构的问题，探索社会制度和结构改变的可能性，以便从根本上改变弱势边缘群体的处境。同样，农村社会工作是要回应农村在发展过程中出现的问题，帮助弱势的农民走出困境。

需要特别强调的是，中国农村南北东西地域非常广阔，经济和文化差异也非常大，有的农村发展状况非常好，有的农村却依然面对贫困的问题。有的农村虽然经济发展了，却面对环境的问题；有的农村环境没有问题，却存在留守老人、留守儿童缺乏照顾等问题。其实中国政府也看见农村在发展过程中出现的问题，2017年9月30日中共中央办公厅、国务院办公厅印发了《关于创新体制机制推进农业绿色发展的意见》，其中就提到如何帮助贫困地区用新的策略推动精准扶贫，带动贫困农户脱贫致富。文件中更多地提到的是环境土地的问题，提出了绿色发展的理念，等等。如何"守住绿水青山"、如何"促进农业可持续发展"等，是农村社会工作不可回避的议题。

农村社会工作的使命是回应有需要的农村，此书展示的各种实践是回应农村存在的各种不同的问题。不是每个农村都面临上面所述的全部问题，有的可能面临贫困的议题，有的可能面临发展中出现的环境破坏的问题，有的可能面临文化的危机，有的可能面临老人和儿童的问题，情况各异。所以，当农村社会工作者进入农村时，最重要的是把脉在地农村的实际处境，找出回应的策略，协力在地民众共同解决自身的问题。

本章的主要目标是让读者从历史的脉络中理解当代中国农村发展的状况和其中某些农村面临的问题，从而思考农村社会工作介入的范畴。

阅读完本章，读者基本上能回答以下问题：

- 当代中国某些农村面临什么样的问题？背后的原因是什么？
- 当代中国一些农村的发展为何是不可持续性的？问题在哪里？

第一节　农村改革开放与农业商品化

中国的改革开放从农村开始，20世纪80年代的改革使农村发生了翻天覆地的变化，公社制度的瓦解以及市场的出现，使得农民从集体经济的束缚中解放出来。农民基本上获得了生产上的自主性，能够决定自己的劳动过程。今日的中国农村已经不再"以粮为纲"，很多地方实现了多样种植。国家允许农民将自己的剩余农产品拿到市场上买卖，这提高了农民生产的积极性，使他们的收入水平提高了。集体经济的瓦解亦使农民从土地上解放出来，加上改革开放引入外资企业、沿海地区工业迅速发展，吸引了很多年轻的村民离开村庄，进入城市的工厂工作，成为新一代身份独特的农民工（张乐天，1998a；1998b）。

与此同时，中国的大部分农村在20世纪80年代也进行了土地改革，实行分田到户及家庭联产承包责任制。笔者根据田野观察及对其他文献的参考发现，分田到户的情况基本上相似，[①] 但过程会有所差异。笔者的田野地点是南方的村落，那里的土地基本上分为两种——水田及旱地。根据村干部的描述，分田到户之时，他们将旱地及水田按照质量、亩产、倾斜度及灌溉条件分为三级，土地基本上按照户口的人头分配，每户都派一个代表针对每一级土地抽签，平均下来，每个人头大概可以分得八分耕地。由于

---

① 可参阅 Hartford（1985）、Croll（1994）、Judd（1992）、Lu（1987）、Unger（1985，1986）等文献。

使用抽签分地的方法,部分农民所分得的耕地分散于全村不同的角落。① 但对于农民来说,抽签分地是一种公平的方法,因为好坏都由"上天"决定,这样可减少农民因分地而产生的冲突和纠纷。据笔者了解,有些农户因为所分得的耕地离村庄太远,索性放弃了那些耕地。因为在改革的大背景下,生计的来源并非单靠土地,特别是南方沿海一带的农村。

除了土地之外,农村改革基本上把集体的其他财产都变为私有。虽然国家一再强调经济改革不等于将集体财产卖掉,但似乎很多农村把集体的财产卖空卖尽。在笔者调研的农村,生产队将生产工具如扁担、锄头以及筐箩等全部卖给农民,甚至拖拉机也卖给了关系户。除此之外,原本属于村集体的资产如果园、竹林、鱼塘等都全部承包给各个农户,集体几乎变成了空壳。如果村委会在改革开放之后没有发展什么乡镇企业,那么这些村委会的主要经济收入只能来自承包费,村委会的支出亦主要靠这些收入,这造成了改革之后一些农村出现财政拮据的局面,因为这笔收入实在不够集体开支。村集体的财政困难,也造成了农村发展的困境,下面部分再详细阐述。

家庭联产承包责任制亦意味着农民与国家(包括基层政府)关系的改变。改革开放之后的前二十多年,每个农户要缴纳农业税(村民称之为公粮)。从村民的税收凭证可知,除了公粮,他们还需要缴纳五保粮、教育粮及优待粮。在1992年之前,村民基本上缴纳实物,但在1992年,一些省份如广东省政府出台新的规定,允许农民以金钱代替实物缴纳农业税,这一政策改变对农户与村干部的关系产生了深远的影响。笔者在农村做调查的时候听村里的干部说,原本改革初期是由村干部负责征收农业税,后来,这项任务由粮站直接执行。这一改变对当地干部的权力也有一定的影响——因为这使当地干部作为中间人的影响力下降了。

进入21世纪,中国农村改革进一步深化,"十五"(2000~2005年)之初,中国开始了以减轻农民负担为中心,取消"三提五统"等税外收费、改革农业税收为主要内容的农村税费改革。自2000年起从安徽开始,通过逐步扩大试点省份,到2003年在全国全面铺开。改革的主要内容是:取消

---

① 在中国其他农村也有类似的做法,见李慷(1986)。

乡统筹、农村教育集资等专门向农民征收的行政事业性收费和政府性基金、集资,取消屠宰税,取消统一规定的劳动义务工;调整农业税和农业特产税政策;改革村提留征收使用办法。从2004年开始,改革进入深化阶段。改革的主要内容是:清理化解乡村不良债务;取消牧业税和除烟叶外的农业特产税;取消农业税试点并逐步扩大试点范围,对种粮农户实行直接补贴、对粮食主产区的农户实行良种补贴及对购买大型农机具的农户给予补贴;推进乡镇机构改革、农村义务教育和县乡财政体制改革。吉林、黑龙江等8个省份全部或部分免征农业税,河北等11个粮食主产区降低农业税税率3个百分点,其他地方降低农业税税率1个百分点。2005年,全国有28个省份全面免征农业税,河北、山东、云南也按中央要求将农业税税率降到2%以下。2005年12月29日,第十届全国人民代表大会常务委员会第十九次会议高票通过决定,自2006年1月1日起废止《农业税条例》,取消除烟叶以外的农业特产税、全部免征牧业税,中国延续了近3000年的"皇粮国税"走进了历史博物馆。2006年全面取消农业税后,与税费改革前的1999年相比,农民每年减负总额将超过1000亿元,人均减负120元左右。全面取消农业税,表明中国在减轻农民负担方面,以及实行工业反哺农业、城市支持农村方面取得了重大突破。2001~2004年,全国共减免农业税234亿元,免征除烟叶外的农业特产税68亿元,核定农业税灾歉减免160亿元,其中中央财政负担了85亿元,各级农业税征收机关共落实社会减免50亿元,落实种粮大户等其他减免9亿元。2005年全国进一步减轻农民负担220亿元。① 必须承认,取消农业税对农民是一件好事,但是农村的发展却面临来自商品经济导向的发展模式的挑战。

改革时期的中国,在现代化发展主义的意识形态指导下积极地推动农业现代化。农业现代化的一个重要环节就是绿色革命。绿色革命早在20世纪60年代就已发生,是某些西方发达国家将高产谷物品种和农业技术推广到亚洲、非洲和南美洲的部分地区,促使其粮食增产的一项技术改革活动。其主要内容是开展利用"矮化基因",培育和推广矮秆、耐肥、抗倒伏的高

---

① 读者可以在中国政府网(http://www.gov.cn/test/2006-03/06/content_219801.htm)查到这些资料。

产水稻、小麦、玉米等新品种,其目标是解决发展中国家的粮食问题。当时有人认为这场改革活动对世界农业生产产生了深远影响,犹如18世纪蒸汽机在欧洲所引起的产业革命一样,故称之为"绿色革命"。后来这场改革活动暴露出许多缺陷:技术和经济上要求高,耗资大且不易推广;污染严重,浪费能源;等等。近年来,一些发达国家开始应用生物技术和微电子技术等改革传统的农业生产,有人把它称为"第二次绿色革命"。主要内容有:利用生物技术提高植物的光合效率;把"固氮基因"植入农作物,使其具有固氮能力,自行供肥,以提高农作物的产量和质量,并提高土壤肥力;将两种不同农作物的基因结合,创造出一种优质新植物;计划从绿色植物中大量提炼酒精,以取代石油,解决农业自身所需要的能源;等等。中国的杂交水稻是"第二次绿色革命"时期的杰出代表,目前逐渐暴露了其局限性——导致化肥、农药的大量使用和土壤退化。90年代初,又发现高产谷物中矿物质和维生素含量低,用作粮食常因维生素和矿物质含量低而削弱了人们抵御传染病和从事体力劳动的能力,最终使劳动生产率下降,经济的可持续发展受阻。这些将在后面进一步论述。

农业商品化也是农村改革开放的一个重要步骤。在市场经济原则指导下,政府鼓励农村发展商品经济,希望将农民引向市场。[①] 不管是笔者早年在广东,还是2000年后在西南和北方农村做田野调查,都发现农业商品化成了中国农村发展的必然道路。在农业商品化道路上,沿海省市的农村走得比较快。笔者在某省的田野调查中发现,早在1985年,农牧渔业部批准该省的一个贫困县在"七五"计划期间建立10万亩沙田柚商品生产基地;该省科委亦将"沙田柚技术开发"列为省重点科技项目;1986年、1987年连续两年将"沙田柚综合技术开发"列为省级"七五"计划期间"星火计划"项目。当时,该贫困县政府对这个项目的确抱有希望,这一点从当地一位官员创作的顺口溜("拔穷根,开富路;栽富根,建金库。若要富,种果树;家种百棵树,等于建金库。房前屋后多种树,冬暖夏凉好居住。果树就是摇钱树,谁先种果谁先富")中就可以看出。"发展沙田柚商品经济"变成了地方政策被一级级传达到村里。据村干部和一些村民回忆,当

[①] 可参见《把农业推向市场》,《农民日报》1993年3月21日。

政策传达到村里时，其实村民的反应并不强烈。很多人（特别是老村民）持观望态度，对于种果致富的宣传半信半疑，他们不知道果树是否真的能挂果，没人想冒险。为了鼓励村民积极种果树，像往常一样，这项政策的推行也是宣传教育和行政手段并行。行政手段方面，政府要求每个村干部都得带头种果树，而且要完成"上面"下达的指标，不能完成者将被扣除工资和奖金。宣传方面，当时地方政府提出了一个口号"谁开荒种果树，谁拥有土地"。地方政府还补贴农户种果树，每棵树苗补助5角钱。另外，农村信用合作社为农户购买化肥、树苗和农药，提供低息贷款。在发展沙田柚种植的早期，农户的经济收入确实增加了。在村里时，笔者每次跟村民探讨关于经济发展的话题，他们必然要提到沙田柚种植。当地流行着一句土话"我们的新房子是沙田柚堆起来的"。这意味着沙田柚为他们带来了可观的收入。1996年，笔者在村里做了一项小型调查，在40户被访问的农户中，有57.7%的农户在1995年的总收入超过10000元。村民生活的大幅改善还可以从他们所拥有的家当方面看出来。在笔者所访问的40户农户中，有20户农户拥有摩托车，2户农户拥有拖拉机，28户农户拥有彩电，21户农户有录音机，3户农户有洗衣机。更加突出的是，一共有35户农户（占87.5%）建了自己的新房子。这些物质上的享受在计划经济时期是完全不可想象的（古学斌，2000；Ku，2003）。

另一个显示商品作物种植重要性的指标是种植面积不断扩大，许多农户把原来种稻米的良田也用来种沙田柚。这种现象在中国农村也很普遍，导致粮食种植面积大幅下降。例如，根据国家统计局的数据，2017年全国玉米种植面积5.32亿亩，比上年减少1984万亩，下降3.7%；总产量21589.1万吨，下降1.7%。另外，全国粮食播种面积112220千公顷（168329万亩），比2016年减少815千公顷（1222万亩），下降0.7%。其中谷物播种面积92930千公顷（139395万亩），比2016年减少1464千公顷（2196万亩），下降1.6%。[①] 农业商品化除了导致粮食种植面积减少外，也产生了其他种种问题，譬如市场不确定性、土地环境污染等，下面部分将详细论述。

---

① 可以从国家统计局的网站查到这些数据：《国家统计局关于2017年粮食产量的公告》，http://www.stats.gov.cn/tjsj/zxfb/201712/t20171208_1561546.html。

第二节 中国农村面临的问题

一 农村集体功能的弱化

改革开放之后,中国农村发生了很大的变化,有些农村虽然分田到户,但一些农村基层组织还是发挥了很好的作用,带领农民走上致富的道路,让农民过上小康生活。然而,有些农村基层组织却出现弱化甚至瘫痪的情况。一些"致富型"村干部不是靠劳动发家致富,而是靠对资源、关系、信息等的垄断和交换致富的。他们既缺乏传统士绅的名望、学识等文化资本,又缺乏计划经济时期"革命干部"的革命性和艰苦奋斗精神。因此,这些"先富起来"的村干部从一开始就缺乏群众基础和道德的正当性,权威基础非常薄弱(张和清,2010a;2010b)。另外,农村基层组织的弱化还表现为致富型村干部对村庄事务漠不关心。导致这种情况的原因很多,很难说哪个原因更重要,应该是各种原因相互交织。例如,有的村干部只忙自家的私活,挂着村干部之名,却无暇也无心处理村庄公共事务;有的村干部对工作报酬不满意,得过且过,每天打牌赌博、大吃大喝、无所事事,引起村民的极大反感。农村基层组织弱化的第三个表现是改革开放以来一些村干部无力执行国家的大政方针(如"新农合"政策等)和上级的行政指令(如产业结构调整政策),致使许多乡村村委会名存实亡,"人去楼空"(Ku,2003)。

大部分中国农村的集体已经名存实亡。笔者经历的田野和其他学者的研究显示,除非农村基层政府能办起自己的企业,不然的话,大部分农村基层政府都会面临财政困难。地方财政的困难跟20世纪80年代中期的财政改革有着密切的关系。自从财政实行中央、地方"分灶吃饭"之后,地方在完成上缴的财政指标之后,剩下来的财政盈余就归地方自主支配。[1] 地方财政独立后,地方政府要负起地方支出的责任。对那些乡镇企业发展迅速的农村地区而言,地方政府财政收入的确比以前增加了不少,相应地,它们也有能力为村民提供福利和公共物品(public goods),承担乡村的公共事

---

[1] 这项政策一方面希望地方能够财政独立,减轻中央的财政负担;另一方面是希望刺激地方政府发展经济的积极性。见 Oi(1992)。

业开支，但由于官僚体制的问题，一些农村基层干部常常从中牟利，财富很难与民共享；但是遇见能为村民服务的基层干部，这些村落的公共设施和福利还是相当不错的（Ku，2003）。然而，对一些缺乏乡镇企业的地区来说，地方财政往往捉襟见肘，笔者长期观察的云南、四川甚至广东的一些偏远山村都属于缺乏乡镇企业导致地方财政拮据的地区。

村集体经济拮据意味着这些村的村委会无法提供公共物品，更无法为村民提供任何社会福利、承担任何公益事业。笔者在某省做田野调查时听到村民反映村集体功能弱化的情况：五保户的补贴好久没有发放；村委会没有资金修路；村里的道路一直崎岖不平，最后还是村民自己集资，加上海外侨胞捐助才使村庄的泥土路变成水泥路；村里的"老人之家"（老人娱乐部）也不是村委会出资修建，而是海外侨胞捐款兴建的；村小学的修葺和扩建靠的也是海外侨胞的捐助，村委会没有出过一分钱。村委会无法介入村里的公务大大削弱了村干部的威望，他们在计划经济时期那种类似保护人的角色也消失了。另外，村集体经济拮据也使村委会无法动员村民投工投劳，参与公共建设，许多水、电、路等公共项目都无法完成，修建水利设施等公共事业在改革开放之后几乎停顿。农民对村委会的不作为都感到不满，觉得他们没有履行自己应尽的义务（Ku，2003）。

二 农村发展的不可持续性与贫困问题

改革开放以来，许多农村的经济状况得到很大的改善，许多农村特别是沿海一带的农民过上了小康生活。然而，一些农村的贫困问题也是客观存在的。中国政府清楚地认识到这种状况，从20世纪80年代开始，政府的扶贫工作一直没有间断过。2013年，政府又提出"精准扶贫"的理念。2013年11月，习近平到湖南湘西考察时首次做出了"实事求是、因地制宜、分类指导、精准扶贫"的重要指示。2014年1月，中办详细规制了精准扶贫工作模式的顶层设计，推动"精准扶贫"思想落地。2014年3月，习近平参加两会代表团审议时强调，要实施精准扶贫，瞄准扶贫对象，进行重点施策，进一步阐释了精准扶贫理念。2015年1月，习近平总书记新年首个调研地点选择了云南，强调坚决打好扶贫开发攻坚战，加快民族地区经济社会发展。5个月后，习近平总书记来到与云南毗邻的贵州省，强调要科学谋划好"十三五"时期扶贫开发工作，确保贫困人口到2020年如期脱贫，并提出扶贫开发"贵在精准，重在精准，成败之举在于精准"，"精准扶贫"成为各界热议的关键词。2015 年 10 月 16 日，习近平总书记在 2015 减贫与发展高层论坛上强调，中国扶贫攻坚工作实施精准扶贫方略，增加扶贫投入，出台优惠政策措施，坚持中国制度优势，注重六个"精准"，坚持分类施策，因人因地施策，因贫困原因施策，因贫困类型施策，通过扶持生产和就业发展一批，通过易地搬迁安置一批，通过生态保护脱贫一批，通过教育扶贫脱贫一批，通过低保政策兜底一批，广泛动员全社会力量参与扶贫。要做到精准扶贫，需要分析农村贫困背后深层的原因。

一些农村的贫困跟一些农村基层干部的表现有一定的关系，这直接影响农村的发展。由于农村基层干部的权威和认授性来自国家行政授权的现实并没有实质性的改变，与此同时国家又无法重建干部的权威基础，随着农村基层干部与农民之间保护－依附关系的瓦解，农村基层干部变成单方面执行上级任务的角色，不再是国家和村庄之间的缓冲层（buffer），反而变成了"国家经纪人"（state brokerage），也就是著名中国研究学者 Duara（1988）所描述的赢利型经纪人（entrepreneurial brokerage）。笔者在乡村常常看到这样的现象：为了得到上级的认可，保住自己的乌纱帽或拼命往上爬，农村基层干部往往千方百计地采取各种手段完成上级交办的任务，以此显示自己的政绩，甚至有的干部为了谋取私利，剥夺乡村权益。尤其是 20 世纪 90 年代以来，在崇尚 GDP 和发展主义意识形态的指导下，为了追求 GDP 的政绩，一些地方政府积极鼓励农村发展商品经济，推动农业产业化，强行进行农业产业结构调整，却把产业结构调整失败的恶果转嫁给农民。

从 2001 年开始，笔者与研究团队目睹了一些农村基层干部基于政绩考量，不断推动各种产业结构调整而失败的案例。例如在笔者调研的某个山村，20 世纪 90 年代以来，地方政府为了摆脱财政危机，积极执行市场化扶贫开发新政策，基层干部将发展经济的思路从企业经营转向扶贫经营。某次县长"下三乡"，发现这些农村的贫困问题没有解决，为了完成减贫的任务，其长官意志带动了全县规模化种甘蔗、建糖厂的扶贫开发热潮。当时县长下令乡政府动员农民种了两年甘蔗、三年洋芋（马铃薯），由于市场的问题，结果基层政府给农民打了甘蔗白条，又与村民互欠洋芋债。一些村干部为了表现政绩，看见去年青刀豆的市场不错，也强迫农户种下青刀豆，然而，青刀豆还没来得及种便"泡汤了"。在农业商业化的权力运作中,乡村干部陷入频繁调整产业结构的旋涡里不能自拔,村民生计受到很大的影响(张和清,2010a;2010b)。过去17年间地方政府不断实施农业产业化政策,强行推动村民大规模种植各种市场化的经济作物,但这些强制性的生产计划和引进的外来品种、技术等并没有帮助村民增收,反而使村民在低廉的市场价格面前更加贫困。例如,几年前,当地政府鼓励村民大规模种植生姜,结果村民开荒种姜不仅破坏了自然环境,而且由于生姜供过于求,价格暴跌,村民普遍欠债,出现了农村返贫的现象。最严重的后果是地方政府与村民在产业化种植的权力关系中,干群关系日益紧张,基层政府的威望和认授性严重受损(张和清、古学斌,2012)。

另外,笔者与其他研究团队成员在地处东部沿海的农村也发现了与西南农村"生产致贫"类似的返贫历程。如张文浩在广东农村的研究发现,"上世纪80年代末90年代初地方政府实施的一系列扶贫开发项目没有改善当地的生计状况,反而给村民扣上了'贫困落后'的帽子,村民对金钱的依赖越来越重,也急切要'脱贫致富'。后来'一村一品'砂糖橘种植不仅没有改善村民的生计,反而使村民生计陷入'贫困''无奈'的怪圈中,对生活前景几乎失去了信心,而与此同时砂糖橘种植也对当地传统生产模式、生态环境等造成了难以估量的影响,严重影响到当地长久可持续的生计"(张文浩,2009)。

可见,农村由于推动农业市场化或产业化而返贫的现象虽然不是整个中国的现象,但也绝非个案。笔者将这种为了完成政治任务推动农业产业化导致的贫困称为不可持续的生产性返贫。

另外,当中国从计划经济走向市场经济的时候,面对市场经济及其不确定性,一定程度上,农民自己承担了各种风险。在1979～1984年这短暂的时间里,的确出现过农业增产和农民增收的局面。但是进入20世纪80年代中期之后,农民的收入一直处于低迷状态,这与市场的不确定性有关系。一方面,生产资料的价格一直上涨,根据高默波《高村》一书中的数据,1985年由于化肥和杀虫剂的生产转为市场调控,这两类产品的价格比1983年分别上涨了43%和82%,但是与此同时农产品的收购价格却下降了28%(Gao,1999)。按照严海蓉的说法,1998年,种一亩水稻的收入一般在200～300元,种一亩棉花的收入一般在500元左右。笔者在西南某省农村观察到的情况与之类似,大米的收购价非常低,一公斤大米大概2.5元,这十几年没多大变化。

农户哀叹:"米种得越多亏得越多。"根据严海蓉的研究,"安徽无为县的一个乡镇党支书公开承认说,自80年代中期以来,他们那里的农业生产就一直停滞不前。尽管在1978~1985年这些年里,城乡收入差别曾一度缩小,但在1985年后又开始拉大,到了90年代则更大,比1978年前还要大。与此同时,随着农村改革、生产私有化,过去有限的由集体经济提供的福利和医疗保障也消亡了"(严海蓉,2005)。

中国农村的贫困与现代消费主义的扩张也有密切的关系。在新的市场经济影响之下,现代消费模式渗透到了农村,现代生活物品代表时髦和"幸福",也迎合了大家对现代化的想象。如王宁所言,"社会变迁包括人们欲望形态的转型……支撑消费主义欲望形态的意义供给机制主要是市场话语(包括广告等),它教人们追求现世的享受和快乐,追求物质财富的占有,并把这种享乐和物欲看成人生的终极意义所在"(王宁,2010)。在中国的现实语境下,由于消费主义与发展主义在目标上是一致的,因此国家在全球经济危机下便以扩大内需为由从政策上鼓励消费。昔日国家鼓励市民成为"劳动积极分子",而今日则鼓励市民成为"消费积极分子"(王宁,2010)。潘毅等在研究中也指出,"在消费社会里,人们的欲望得到空前的激发……在'发展就是硬道理'的改革年代,消费因其与经济增长的内在关系,已经不再仅仅是个人的事情,鼓励消费上升为国家的战略……大众传媒将消费社会的海市蜃楼景观覆盖到每一个偏远的角落,建构着人们对美好生活的想象。借助电视、电影等强大媒体,城市中产阶级的生活图景迅速突破地域、城乡乃至阶层界限,成为广大农民美好生活的典范。消费主义已经不再单单是城市人的事情,农民也被吸纳到这场消费革命的大潮之中"(潘毅等,2011)。

在消费主义意识形态与扩大内需、拉动经济增长的政策相互配合下,透过广播、电视对"现代化"的展示和打工返乡青年的示范,当代中国农村的村民都成为"消费积极分子"。国家统计局的数据显示,中国农村2017年上半年人均可支配收入为6562元,但消费支出达到5174元,其中交通通信费用就达到1211元,占消费支出的23.4%(见表1-1)。[1]

---

[1] 可以从国家统计局的网站查到这些数据:《国家统计局关于2017年粮食产量的公告》,http://www.stats.gov.cn/tjsj/zxfb/201712/t20171208_1561546.html。

表 1-1　2017 年上半年全国农民收入与支出主要数据

单位：元

指标	水平
农村居民人均可支配收入平均值	6562
农村居民人均可支配收入中位数	5559
农村居民人均消费支出	5174
按消费类别分：	
食品、烟、酒	2678
衣着	668
居住	1919
生活用品及服务	535
交通通信	1211
教育、文化、娱乐	869
医疗保健	718
其他用品和服务	236

资料来源：国家统计局，2017。

根据我们在一个贫困村的长期调研，近十几年来，随着"村村通"广播、电视和手机信号的全面覆盖，许多村民仿效城市居民，渴望购买电视、电子产品、现代家具、皮鞋、时髦衣服、摩托车、手机等用品。对于 2000 年年人均纯收入不到 800 元的当地村民来说，给摩托车加油、充话费等花费成为许多家庭的沉重负担，有人甚至不惜赊账（借高利贷）买摩托车，用卖猪的钱买手机，用卖鸡的钱充话费。笔者曾经在某农村访问一户中等收入的家庭，了解到其家庭每月最大的消费支出竟然是为外出打工失败而返乡的儿子支付摩托车汽油费、手机话费（月均 300 元左右），为买摩托车还本付息以及为手机升级，等等。另外，近十年来农村许多家庭相互攀比盖大房子，一些村民为了争面子，不顾自家的实际经济状况，加入炫耀消费的行列，为此背上了沉重的债务负担。追求新界定的"幸福生活"必须以现金为基础，导致村民对现金的依赖程度越来越高。

除了这些消费品，村民的现金开销也越来越大，例如孩子教育的费用、医疗费、电费、水费以及购买化肥、农药和现代服饰的费用。这些日益增长的开支把村民压得喘不过气来，因为靠农业生产根本无法增加村民的收入，结果外出打工变成唯一出路。另外，作为使他们的孩子脱贫并离开农村过上"幸福"生活的另一条道路，教育变成一个非常重要的选择，但这样一来，学校的费用（例如住宿费、伙食费等）和学习材料上的花销也变成了村民一项巨大的经济负担。① 尽管国家宣称实行9年免费义务教育，但每年村里的学生还是要交许多杂费。如果孩子有幸考上大学，那么父母、兄弟姐妹可能都要外出打工，才能供得起一个大学生。我们在村里认识一位妇女，因为她女儿上了师范学校，结果夫妻俩只能跑到广东某化妆品厂打工。一年下来，妻子得了严重的肺病，还是不愿意回乡。

当村民的欲望/念头和残酷的现实之间的鸿沟不断拉大时，村民的无助感就会越来越强。当村民试图改良耕种并学着使用当地政府引入的现代技术来种植经济作物时，他们的生活水平却并没有提高，甚至越过越苦。当村民想靠着农业生产来"过上幸福生活"时，梦想的实现却变得越来越困难，一种生活上的匮乏、无助和无能感常常涌现在村民心中，信心的低落使得他们对发展失去了方向（Ku & Ip，2011；Ku，2011a）。上述消费主义意识形态与国家消费政策相配套，导致消费链最底端的农户日益贫困。笔者将这种中国农村的社会现象称为消费性致贫。

三 农村传统文化的消失与身份认同危机

过去，中国的农民基本上是自给自足的，他们种自己的田、喂养自己家的牲畜、建造自己的房子、纺织自己穿的服装。他们的生存技能代代相传，靠着上一代传下来的生活智慧，基本上能满足生存需求。可是，在农业现代化的过程中，他们的传统智慧受到了严峻的挑战（Ku & Ip，2011；Ku，2011a）。

现代农业的一个特征就是农业必须直面市场经济，村民的生产资料包括种子、化肥和农药都要依赖现金和市场。笔者所调研的农村基层政府在过去不断推动农业产业化，强行推动村民大规模种植商品作物。② 可是，这些外部引入的技术和当地政府强制推行的生产计划并没有帮助农民增加收入，反而使农民变得更加贫穷。举例来说，某地方政府曾经鼓励村民种姜作为经济作物来增加收入。因为姜只生长在没有开垦过的土地上，村民只

---

① 中国许多村庄的小学都因合并取消了，导致村里小孩不能在本村上学。到了初中之后，他们都要到乡镇的学校上学。
② 可以参阅古学斌、张和清和杨锡聪（2004a）的相关论述。

能在山地开荒种姜，结果严重破坏了整个山坡的土壤，导致严重的泥土流失。更糟糕的是，由于姜过度供应，市场上姜的价格每年都在起伏波动，村民得不偿失，亏本之余也破坏了自己赖以生存的环境。

为了增产和获利，村民选择了农业新科技，然而农药、化肥和新种子的使用也使得村民严重依赖现金，同时大量化肥、农药的施用也破坏了土壤和环境。由于市场具有不确定性，村民增产不增收，逐渐对农业生产失去了信心，因为他们无法控制价格，无法通过农业生产来改善生活。一些老农民伤心地说："我们从来没想到种了一辈子地之后，突然发现不知道怎么去种庄稼了。这些年不论我们怎么种，都没办法赚到钱。"

因为对传统农业技术失去了信心，很多村民只能放弃农业到外面闯世界，村里的男性要么到附近的私营矿井挖矿，要么到沿海打工。妇女们也一样，要么到城里打零工，要么就去城里当服务员，要么到沿海城市打工。对妇女来讲，离乡别井是不情愿的，有一个妇女就告诉我们，"我宁愿出去找份不同的工作，这样至少不用待在家里只吃饭却没有收入。我什么都不懂，刺绣也不能帮我赚足够的钱来帮补家计。"

现代生活方式也对农村的文化造成很大的冲击。在过去，外面的世界对村民并没有多少影响，因为村民除了到乡上赶集，很少外出。当地的文化，比如服饰、语言和生活习惯都是一代传一代。但是，改革开放时期的中国村庄不再对外界封闭，除了现代技术对农村造成巨大冲击外，消费浪潮同样在很大程度上改变了村民的思维和生活方式，强化了村民的文化认同危机（Davis，2000；Croll，2006）。另外，村民外出打工和上学、乡上的旅游开发等，都打破了村庄过去的宁静，改变了村民的生活方式和观念。在村里，我们能看到传统文化被外界的"现代"文化"入侵"的现象（Ku & Ip，2011；Ku，2011a）。地方政府着意发展的"村村通"工程，使得村民可以放眼外面的世界。电视上所显示的并根植于主流话语的所谓"现代"和"先进"生活方式与村民的生活方式形成了鲜明的对照。村民以为都市的生活方式才叫"好"、才叫"幸福"，反观自身的村落，许多村民认定自己的生活方式是"落后"的、"贫困"的和"不好"的。特别是年轻人，他们正在积极地脱离自己的传统、摒弃当地的传统文化，希望通过自我改造，变成都市人（Ku，2003；严海蓉，2000）。

记得2001年初我们进驻云南的一个村落时，每天吃完晚饭后，男男女女都会聚集在村支书家门前的空地上，讲述在外面打工的故事，谈论城市里的高楼大厦、新买的手机、香港和台湾地区的电影与流行歌曲。年轻人都穿上了T恤、牛仔裤，染黄了头发，相互炫耀自己的时尚。他们向往城市生活，许多人相信幸福的生活指的就是城市中便捷的生活。每次问他们自己家乡如何时，他们都会说家乡很落后，觉得生活很不方便、很脏等。

农村传统的习俗，也在不断地丢失。举例来说，我们的田野是一个传统村落，其民歌（他们称为小调）曾经是当地人表达他们的生活和感情甚至是情侣间表达爱慕的方式。如今这些小调几乎听不到了，在他们那里都是香港和台湾流行歌手唱的爱情歌。很多年轻人崇拜香港和台湾的歌手与电影明星，把他们的画像和海报粘贴在屋子的墙壁上。另一个例子是，村里的年轻人已经很多年不穿传统服装、戴传统饰品。远离村子上学的年轻女性村民也很少穿传统服装。在这些年轻人看来，民歌不好听，同时传统服装也没有什么吸引力，他们甚至认为这些是落后和愚昧的象征；而外界的流行音乐和时尚的服装却代表着先进和现代。他们看不起那些"从来没有见过世面"的村民，也嘲笑那些着"老掉牙"的传统服装和"寒酸"打扮的女孩——那些女孩甚至因为不会讲普通话而被嘲笑。

村民盲目崇拜现代文化使得他们不认同自身的本土文化，然而文化的印记却挥之不去。当他们到城市打工的时候依然被城里人瞧不起，在城里，他们没有自信。希望能够通过打工赚钱来改变自己的命运，其实只是一种迷思。[①] 就像一个村民告诉我们的："之前我以为如果在城里工作生活可能容易些，结果却是比在田地里干活更苦、更累。老板实在很坏，我们做了工作他却不付报酬。我在G地干了5个月，我没有得到一分钱。我经常很饿肚子，但是当我问老板要钱（时），他就变得很残。我失去了工作，并从N市一路乞讨回到了家乡。"

因为无法应对城市中激烈的竞争以及全球金融危机的冲击，大部分出去的村民周期性地被迫回到村中。可是回到家乡，他们的心思却已不在农活上；相反，他们依然迷恋、追求城市生活的样式。但是，因为缺乏实现欲望/梦想的手段和途径，在他们心灵深处总有一种失落和匮乏感。男孩子

[①] 要想了解打工者的生涯，可以参阅Pun（2005）。消费主义对农民工的冲击可以参阅Pun（2003）。

为了保住自己的一点自尊和骄傲，常常在年轻女孩子面前炫耀他们的"时髦"和"见识"，以掩饰自己的失落和不自信。对自己文化的否定和对现代文化的盲目追求使得村民们陷入了文化认同的危机。在村里待不下去，在城里也待不下去，精神上的漂泊使他们无法找到自己的定位，这一切对农村的发展是不利的。

四 现代商品化农业与环境危机

对农业发展过程中出现的环境问题，政府有着清醒的认识。2017年9月30日中共中央办公厅、国务院办公厅印发了《关于创新体制机制推进农业绿色发展的意见》，文件提出要推进农业绿色发展、要守住绿水青山；指出农业的可持续发展对保障国家食物安全、资源安全和生态安全，维系当代人福祉和保障子孙后代永续发展具有重大意义。笔者认为，解决环境危机，保住青山绿水，实现食物、资源和生态安全，需要反思改革开放以来农业工业化和商品化的问题。

农业现代化和商品化造成了很多严峻的问题，其中之一就是环境危机。现代农业采用的所谓高产量的杂交或基因改造品种，都是需要使用化肥和农药的。在中国，过多地、不适当地使用化肥和杀虫剂造成了严重的水污染。过度灌溉导致土壤盐碱化，农民不得不放弃一些原本肥沃的耕地。在一些大量利用井灌的地区，地下水位下降。单一农作物品种的种植对环境造成了威胁，导致农业品种多样性的丧失，生态遭到严重的破坏。

在农业发展全球化的时代，跨国种子公司向中国推销的新品种农作物不仅没有增加村民的收入，反而因为过度使用化肥、农药等，污染了水源和土壤。"绿色革命"以来推广的品种存在要求肥水条件高、不适于旱地种植等问题。这些品种仅在灌溉条件好和降雨充沛的地区得到大面积推广，而在降雨稀少的地区则难以种植。近年来，中国许多本来水资源丰富的省份也闹旱灾，像云南在2008年前后就遭受了百年一遇的大旱。

其实早在20世纪60年代，美国海洋生物学家、现代环境保护运动的先驱卡森在其名著《寂静的春天》中就运用大量丰富而鲜活的案例展示了现代农业使用的大量农药、化肥如何将生命之网撕裂，从而危及自身生存，导致灾难恶性循环。她在书中写道："这个计划（消灭鼠尾草的计划）只顾达到眼前的目的，其结果显然是使整个密切联系着的生命结构被撕裂，羚羊和松鸡将随同鼠尾草一起绝迹,鹿儿也将受到迫害;由于依赖土地的野生生物的毁灭,土地将变得更加贫瘠,甚至人工饲养的牲畜也将遭难;夏天的青草不够多,在缺少鼠尾草、耐寒灌木和其他野生植物的平原上,绵羊在冬季风雪中只好挨饿……"(卡森,2008:67)在卡森看来,人与自然的生命之网原本是"唇齿相依"的关系:一方面,人类道法自然(或顺其自然);另一方面,大自然滋养人类,人与自然和谐相处。但当人类发展计划将生命之网撕裂时,就会造成"唇亡齿寒"的结果——"人祸"加剧了自然灾害的危害性,更加剧了现代生活的脆弱性和贫困化。在"天灾"、"人祸"面前,人的无力感和易受伤害性尤其突出,这就是灾难的恶性循环。

时至今日,卡森的警世恒言并没有引起世人的反思和警觉。在中国,半个世纪以来,资本主导的城镇化发展模式已经成为全球主流的发展方向。凭借都市化、工业化、消费主导的发展模式,中国已经成为全球第二大经济体。根据我们的研究(张和清、杨锡聪、古学斌,2008),这种单方面追求经济增长的发展模式不仅造成许多地区经济、社会文化、生态环境不可持续发展的恶性循环,也造成灾难的恶性循环,导致现代生活的脆弱。

五 农村社区的虚空化

中国农村的发展,除了面临经济、文化和环境等议题外,还面临农村社区虚空化问题。农村虚空最明显的表现是青壮人口外流,从而出现农村留守老人和留守儿童的现象。农村留守老人普遍面对的困境是:经济收入低,生活质量差;生活缺少照料,安全隐患多;缺乏儿女的照顾,反而成了隔代的照顾者,隔代教育使他们身体、心理负担更重;儿女远离家乡,缺少精神慰藉。留守儿童的问题也很严重,据不完全统计,2013年中国农村地区留守儿童数量已经超过6000万,约占农村16岁以下儿童总数的40%。[①] 他们面临教育资源匮乏、缺乏父母的身心关爱,以及不安全的家居生活等诸多问题。2012年贵州毕节5名儿童因避寒,于垃圾箱内生火取暖导致一氧化碳中毒死亡,2015年4名留守儿童喝农药集体自杀,这些都是

---

① 根据全国妇联的一项调查,中国农村留守儿童数量超过6000万(网站http://www.xinhuanet.com/legal/2016 - 11/23/c_129374729_ V4.htm,2013年5月10日)。

农村虚空化的结果。

按严海蓉（2005）的说法，农村虚空化更深刻地体现在农民和土地的关系上。她批评有些学者把农村劳动力往城市流动称为"农村剩余劳动力转移"，认为这些所谓的"剩余"劳动力，大多是农村人口中受过较好教育的年轻人，是新型的农业生产最需要的人。她还指出，在许多省份，如安徽等地，劳动力外流导致大量土地被抛荒。这种抛荒已经到了惊人的地步，在许多农村，农户一年种一季而不是两季变得很平常，这变相地成了"半抛荒"或"隐性抛荒"，农村劳动力虚空与土地被抛荒是分不开的。

我们在农村做调研的时候，常听农民说，田种得越多，亏得越多，农民种地只是为了保口粮。农村虚空化的结果是农业生产没落了，一些农村变得越来越萧条，年轻人作为农村的主要劳动力一批批流出。这个过程削弱了农村在经济、文化及意识形态方面的价值。农村的新生代面对的是日益萧条的农村，他们看不到未来，也看不到农村的出路，所以，他们都离开了，留守在农村的老人以及一些妇女成为最后保住土地的劳动力。

第三节 走向另类的农村社会工作与农村发展

2008年，张和清、杨锡聪和笔者在发表于《社会学研究》的一篇名为《优势视角下的农村社会工作——以能力建设与资产建立为核心的中国农村社会工作实践模式》一文中反思了中国农村不可持续的发展模式，而且根据我们多年来在农村社会工作的实践给出了另类可持续发展的出路。

在这篇文章中，通过云南农村返贫的现象，我们分析了其与商品化农业经济发展的关系，反思了中国农村不可持续发展的恶性循环（见图1-1）。经济方面，地方政府市场化、产业化的"冬季农业开发"、"调整产业结构"、"推广高科技品种"等扶贫模式，不仅没有达到使村民致富的目的，反而导致村民更加贫困。与此同时，伴随农业商品化、市场化和扩大"内需"的过程，村民在医疗、教育、生产资料（种子、化肥、农药等）、消费品（摩托车、手机等）等方面的现金需求不断攀升，许多村民债务负担沉重，被迫外出打工。除了造成生计危机外，农业商品化、市场化还对农村的社会文化和生态环境造成严重的破坏。例如，在农村传统文化中作为凝聚社会互助关系的"换工"习俗变为买卖关系的"卖工"；村民在高科技农业推广过程中被建构为"文盲农民"。又如，地方政府强力推广的新品种农作物不仅没有增加村民的收入，反而由于过度使用化肥、农药等，污染了水源和土壤；许多村民迫于生计开荒毁林种植经济作物，违反国家退耕还林政策，等等。这种不可持续的生产模式和生活方式不仅深刻影响了农民生计的发展，还造成农村社会文化与生态环境的严重破坏，形成不可持续发展的恶性循环。

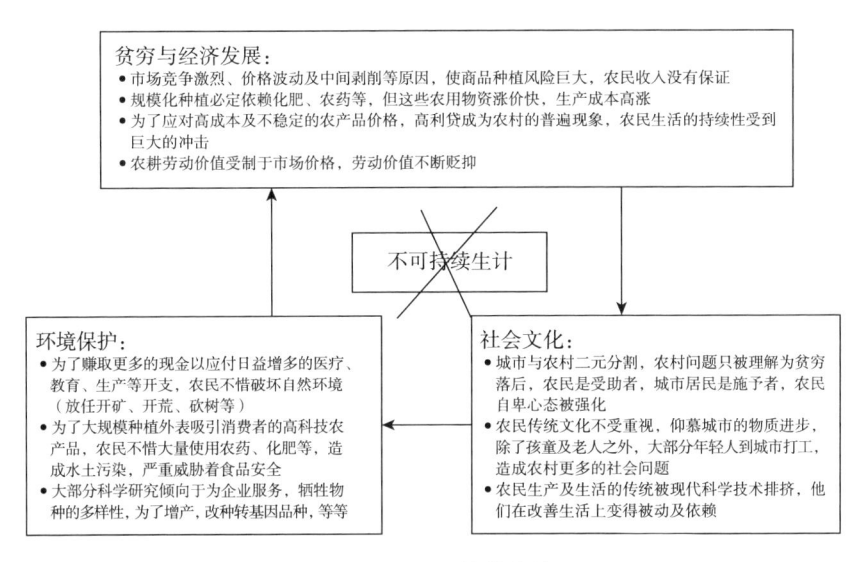

```
┌─────────────────────────────────────────────────────────────┐
│ 贫穷与经济发展：                                              │
│ ● 市场竞争激烈、价格波动及中间剥削等原因，使商品种植风险巨大，农民收入没有保证 │
│ ● 规模化种植必定依赖化肥、农药等，但这些农用物资涨价快，生产成本高涨        │
│ ● 为了应对高成本及不稳定的农产品价格，高利贷成为农村的普遍现象，农民生活的持续性受到 │
│   巨大的冲击                                                 │
│ ● 农耕劳动价值受制于市场价格，劳动价值不断贬抑                    │
└─────────────────────────────────────────────────────────────┘

                          不可持续生计

┌────────────────────────────┐    ┌────────────────────────────┐
│ 环境保护：                    │    │ 社会文化：                    │
│ ● 为了赚取更多的现金以应付日益增多的医疗、│    │ ● 城市与农村二元分割，农村问题只被理解为贫穷│
│   教育、生产等开支，农民不惜破坏自然环境 │    │   落后，农民是受助者，城市居民是施予者，农民│
│   （放任开矿、开荒、砍树等）         │    │   自卑心态被强化                     │
│ ● 为了大规模种植外表吸引消费者的高科技农 │    │ ● 农民传统文化不受重视，仰慕城市的物质进步，│
│   产品，农民不惜大量使用农药、化肥等，造 │    │   除了孩童和老人之外，大部分年轻人到城市打工，│
│   成水土污染，严重威胁着食品安全      │    │   造成农村更多的社会问题              │
│ ● 大部分科学研究倾向于为企业服务，牺牲物 │    │ ● 农民生产及生活的传统被现代科学技术排挤，他│
│   种的多样性，为了增产，改种转基因品种，等等 │  │   们在改善生活上变得被动及依赖         │
└────────────────────────────┘    └────────────────────────────┘
```

图 1-1 不可持续生计

资料来源：张和清、杨锡聪、古学斌，2008；收入本书时做了修改。

正是基于反思农村不可持续发展的根源，我们提出另外一条道路——经济发展-社会互助-文化传承-生态良好的农村可持续发展的道路。农村社会工作正是要推动这种农村社区在文化、经济和生态方面可持续发展的道路。

农村社会工作就是"专业社会工作者"和现实"社会工作者"（政府官员或农村村民委员会成员）的合作，以村庄为基础，持守社会公正、社会关怀和真诚信任的伦理情怀，以重建政府与农民间的信任关系及提升农民的自信、自尊为宗旨，通过与村民同行、广泛参与和增能，倡导社会政策的改进或使政策更符合农民的真实需求，减少社会冲突，维护农村社会稳定；通过村民合作组织的发育，村民可以实现团结互助，以共同应对市场压力；通过非正规教育和医疗保健等项目的推行，村民可以获得与其生活相关的知识，提高应对社会变迁的能力；通过社工为村民提供的个人、家庭、小组等直接支持和服务，村民可以改善人际关系、提高沟通能力，适应社区重建的需要，最终通过个人及社区能力的增强实现可持续发展的目标（张和清、杨锡聪、古学斌，2004）。

在本书的下面部分，笔者将用自己参与过的农村社会工作实践案例，展示农村社会工作如何扎根农村社区，运用社会工作专业方法（个案、小组、社区工作等）来践行公平正义的社工理念，回应农村社区面对的各种问题。比如，以口述历史方法作为参与式评估的方法了解村民的需求，发育社区组织（包括老人、妇女和青少年等小组），与村民一起打造属于社区民众的集体空间（如贵州方祥的妇女中心、云南平寨的文化活动中心、四川雅安上里的社区厨房等）。依托村民组织和集体空间，驻村社会工作者与村民一起开展各种社区活动，譬如与村民一起编写村史并出版，开办妇女夜校，资助小学教育，举办大型社区文化娱乐活动，等等，希望通过发育社区组织、开展社区活动，在丰富村落文化娱乐生活的同时，弘扬当地传统文化，使村民重拾自信心（张和清、张杨、古学斌等，2007）。

在经济方面，面对村民最迫切需要解决的生计问题，笔者与团队成员深刻反思农村社会工作面对的"生产致贫"、"消费致贫"、"生态致贫"等社会现象，逐步将重建生计作为农村社会工作的突破口。我们认为是市场化或工业化农业（过度生产）、都市化生活（过度消费）和环境破坏（过度开发）导致当前的"三农"危机，为此，要真正解决农村贫困问题，必须打破市场神话，摆脱对消费主义和资源的依赖，因而城乡合作、公平贸易实践是摆脱生计危机、实现可持续发展的可能性路径（张和清、杨锡聪、古学斌，2008）。在这种理念下，笔者与团队成员从2007年开始探索社会经济的实践，选择重建生计作为突破口，在农村推动村民合作组织的建立，回归生态农业，希望通过推动社区民众的公共参与，达致文化传承、社会互助、性别平等、生态保护的目的，迈向可持续发展的道路。我们采取"社区支持农业"的策略，希望村民和城市居民在经济发展过程中能互惠互利，让城市居民的绿色消费支持农村的生态农业发展。

这种另类的农村社会工作实践与发展有如下两个重要的步骤。第一，运用优势视角，推动以能力建设和资产建立为核心的农村社会工作，建立村民合作组织。行动策略是：通过各种社区工作的手法（如口述历史、社区行等）探访村庄每户人家，与村民建立信任关系，用参与式的方法与村民一起盘点社区优势资源，增强村民的自信心。从村庄的低收入人群和弱势人群家访或访贫问难（个案工作）切入，选出社区积极分子，逐步将弱势人群组织起来（小组工作），推动他们建立生计互助组或合作社，并利用社工搭建的城乡合作、公平贸易平台自主创业，实现经济自助与互助（张和清、杨锡聪、古学斌，2008）。第二，运用社会支持网络建设的视角，搭建资源链接和城乡合作的平台。具体做法是：深入城市社区举办社区活动，参与合作伙伴的社区沙龙，同时，利用博客、短信（飞信）、QQ群、电子简报等网络媒介，全方位宣传我们的理念，对消费者进行教育。另外，推动城市和农村的互动（如乡村体验游活动），推动城市社区支持农业，实现互惠互利，既突破"施与受"的助人模式，也有利于增进理解，降低城乡社会之间的排斥程度。图1-2总结了笔者与团队成员对于农村可持续发展的想象。

经济发展：
- 需求及价格保持较稳定的状态，便于农民计划生产并降低风险
- 农村劳动力除了进城打工外，还能留在家乡发展事业（如有机种植等），农民生活多样化
- 公平贸易给农民提供直接交易的机会，免除中间剥削。农民通过村民合作组织，直接与消费者议价、销售，其劳动权益得到保障；城市居民通过消费者合作组织，集体向农民购买农产品，并监督农民生产出健康安全的食物

可持续生计

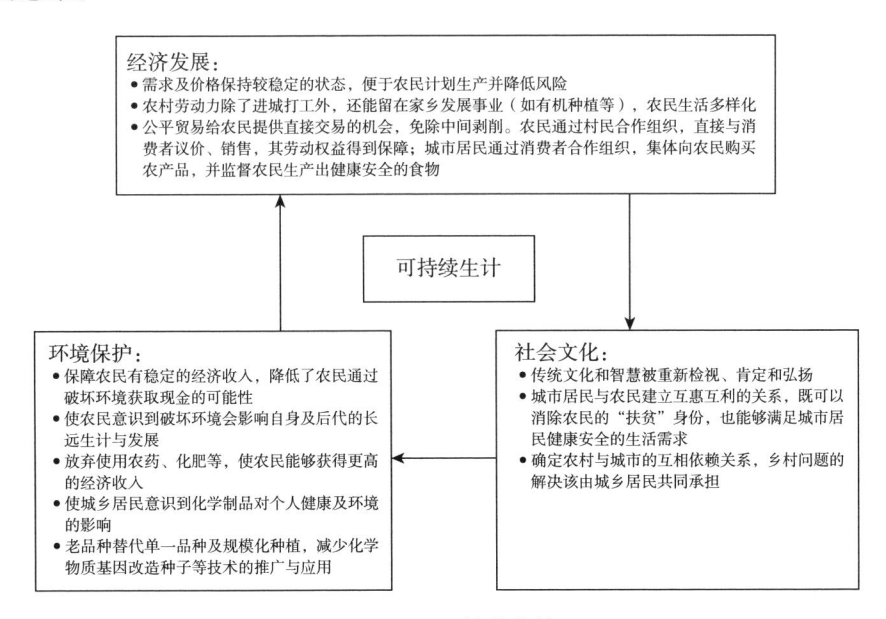

环境保护：
- 保障农民有稳定的经济收入，降低了农民通过破坏环境获取现金的可能性
- 使农民意识到破坏环境会影响自身及后代的长远生计与发展
- 放弃使用农药、化肥等，使农民能够获得更高的经济收入
- 使城乡居民意识到化学制品对个人健康及环境的影响
- 老品种替代单一品种及规模化种植，减少化学物质基因改造种子等技术的推广与应用

社会文化：
- 传统文化和智慧被重新检视、肯定和弘扬
- 城市居民与农民建立互惠互利的关系，既可以消除农民的"扶贫"身份，也能够满足城市居民健康安全的生活需求
- 确定农村与城市的互相依赖关系，乡村问题的解决该由城乡居民共同承担

图1-2 可持续生计

资料来源：张和清、杨锡聪、古学斌，2008。

小 结

本章主要分析了当代中国一些农村发展面临的问题。在本书的实践议

题和案例部分,将会更详细地介绍农村社会工作回应农村各种问题的过程。特别值得强调的是,鉴于中国农村的复杂性和社会工作理论范式的差异性,农村社会工作的价值理念、策略方法和角色定位等可以很不相同。学习和践行农村社会工作没有现成的理论模式可以遵循,笔者与团队成员的实践经验也只是提供一种尝试的可能性,不能完全照搬复制。农村社会工作者必须扎根农村,在深刻理解当地"三农"处境的基础上,深入评估村民的需求,在与村民同行的过程中致力于提升村民的自助与互助能力,共同推动农村的变革。此外,农村社会工作者还必须在理论与实践循环往复的过程中创新农村社会工作理论体系和方法技术,使专业知识本土化,造福社区民众。

思考题

- 当代中国一些农村面对什么样的问题?
- 主流农村发展模式到底存在哪些问题?
- 如何理解农村社会工作?为何农村社会工作的策略要谈城乡合作?

推荐读物

许宝强、汪晖,2003,《发展的幻象》,中央编译出版社。

第二章　农村社会工作的理论视角[*]

第一章主要分析了当代中国一些农村自改革开放以来面对的核心问题，理解其背后的结构性因素，并根据笔者和团队多年的农村社会工作经验，提出中国农村发展的另类可能路径。本章将通过文献回顾梳理社会工作的理论脉络，系统介绍两种农村社会工作的理论视角，重点阐述笔者所强调的农村社会工作的理论取向——批判理论的传统及其社区发展、增权[①]能力建设、资产建设、社会经济等实务理论。

通过阅读本章，希望读者能够认识到不同的理论对于农村社会工作的实践有不同的指导意义。因理论取向不同，我们对农村的现状会有不同的分析和判断，也会有不同的介入设计。阅读完本章，希望读者能回答以下几个问题：

- 社会工作的理论有哪些不同的层次？
- 农村社会工作可以借鉴什么样的理论？
- 不同的理论视角对实务的设计有什么影响？
- 我们的理论立场是什么？

第一节　他山之石：西方社会工作的理论脉络

对社会工作而言，理论是有不同层次的：有些理论是分析（解释）性的理论，有些理论是实践（实务）性的理论。不同层次的理论，在社会工

---

[*] 本章有一部分内容引自陈涛、熊贵彬，2008。
[①] Empowerment，最初引入中国大陆时译为赋权，后来学者们根据自己的理解，分别译为充权、增权、培力等，本书中将视具体情境分别采用不同的译法。

作中起着不同的作用。解释性的理论能够帮助我们理解社会和人的行为，诊断社会问题形成的根源。不过，解释性理论也有不同的理论取向〔如功能主义（functionalism）、诠释主义（interpertism）、批判主义（critical theory）等〕；实践性的理论帮助我们建立行动框架，指导我们的行动。作为社会工作者，应同时具备这两方面的理论素养。

农村社会工作作为社会工作实务领域之一，其理论本身就源于社会工作理论的不同范式。大卫·豪（David Howe）认为，社会工作理论主要可以概括为四种重要的范式：客观性理论、主观性理论、激进变革理论和秩序理论（Howe，1991）。针对不同的社会工作理论，形成了不同的社会工作理论范式（见图2-1）。

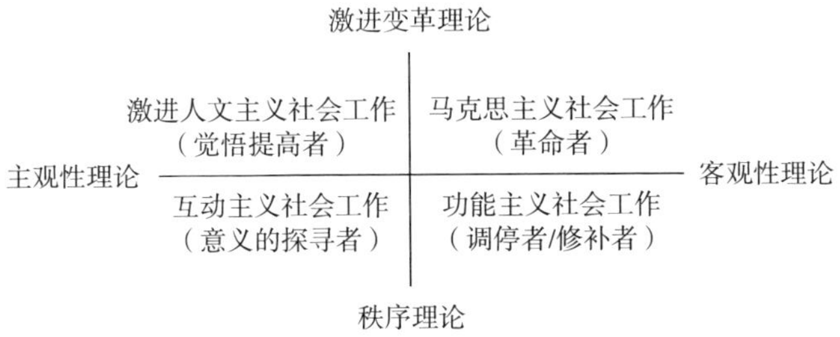

```
                  激进变革理论
                       │
    激进人文主义社会工作 │ 马克思主义社会工作
       （觉悟提高者）   │    （革命者）
主观性理论 ─────────────┼───────────── 客观性理论
      互动主义社会工作   │ 功能主义社会工作
       （意义的探寻者）  │  （调停者/修补者）
                       │
                   秩序理论
```

图2-1 社会工作的四种理论范式

谢立中（1999）在王思斌主编的《社会工作概论》第四章"社会工作理论"中进一步指出了这四种社会工作理论范式之间的差异："无论是在关于人与社会的本质、关于人的行为与社会运行机制的问题上，还是在关于社会工作实践本身的性质、目的、过程与方法等问题上都存在明显的区别。"四种社会工作理论范式的对比见表2-1。

表2-1 社会工作的四种理论范式

	功能主义社会工作（调停者/修补者）	互动主义社会工作（意义的探寻者）	激进人文主义社会工作（觉悟提高者）	马克思主义社会工作（革命者）
包含的主要理论	弗洛伊德主义、认知理论、结构功能主义、系统论等	标签理论、沟通理论、人文主义等	激进人文主义、女权主义等	马克思主义、赋权或倡导理论等

续表

		功能主义社会工作（调停者/修补者）	互动主义社会工作（意义的探寻者）	激进人文主义社会工作（觉悟提高者）	马克思主义社会工作（革命者）
关于人和社会的假定		社会是由个体组成的，在功能上是相互依存、相互协调的客观有机体	社会是主观的意义世界，是由个人通过符号互动才得以建构起来的	社会是主观的意义世界，但充满了不平等和不公平	社会是由个体组成的，是内部存在不平等、压迫、冲突和斗争的强制性结合体
关于社会工作的观点和行动路径	定义问题	组成社会的个体存在问题	个体所处的环境以及个人经验有问题	社会有问题	社会领域对经济领域的非生产性问题
	评估问题	行为出现问题的原因是什么	理解个体的经历	个人的问题带有政治性	经济系统是不平等、不公平的
	确定目标	针对问题行为进行治疗、矫正	挖掘个人的潜能	唤醒人们的意识	改变既有的经济秩序，对财富和权力进行再分配
	解决方案	提供支持性服务以改变行为	劝告，促进对自我经验意义的理解	把个体的经历与社会相联系	批判现有的经济系统，为社会弱势成员抗争

资料来源：谢立中，1999。

从表2-1中可以看到，理论范式不同，社会工作关于人与社会的假定就不同，进而关于社会工作的观点和行动路径（包括对问题的定义、问题的评估、目标的确定、解决方案等）也截然不同，结果是社会工作的功能作用、社会工作者的角色定位也就很不相同。

这四种社会工作理论范式，皆影响农村社会工作的实践。但在中国社会工作发展的脉络下，功能主义取向的社会工作和批判取向的社会工作（包括激进人文主义社会工作和马克思主义社会工作）对中国农村社会工作的影响较大。当然，互动主义社会工作也影响社会工作者理解农村社区民众的生命体验。

第二节 功能主义取向的社会工作

一 功能主义理论传统

功能主义是在实证主义传统的基础上发展起来的一个重要理论学派，

甚至可以把它视为实证主义在社会理论上的一种具体表述。但由于功能主义有着相对完整的研究策略、方法以及对社会事实的系统性认识，因此又常常被单独作为一种重要的理论取向而受到重视。直到今天，功能主义依然是现代西方社会学中有重要影响的理论。功能主义认为，社会是具有一定结构或组织化手段的完整系统，社会的各组成部分以有序的方式相互关联，并对社会整体发挥必要的功能；社会整体以平衡的状态存在，其中任何部分的变化都会破坏原有的平衡而产生动荡。为此，必须采用不同的手段使系统转向新的平衡。

后来，一些学者通过补充、提炼，进一步发展了功能主义理论。20世纪40年代，帕森斯提出结构功能主义。他认为，社会系统是行动系统的四个子系统之一，其他三个分别是行为有机体系统、人格系统和文化系统。社会系统为了维持自身的存在，必须满足四个功能条件（AGIL模式）：适应、目标达成、整合、潜在模式维系。在社会系统中，执行这四项功能的子系统分别为经济系统、政治系统、社会共同体系统和文化模式托管系统。帕森斯认为，社会系统是趋于均衡的，四个必要功能条件的满足可使系统保持稳定。默顿是结构功能主义的另一位主要代表人物。他发展了结构功能主义方法，提出了外显功能和潜在功能的概念以及正负功能之分。默顿主张根据功能后果的正负权衡来考察社会文化事项，并引入功能选择的概念，认为某个功能项目被另外的功能项目所替代或置换后，仍可满足社会的需要。社会制度或结构对行动者行为的影响是默顿著述中的主题之一。他认为，如果文化结构（目标与社会结构）之间发生脱节，就会出现社会失范现象，导致越轨行为（瑞泽尔，2005）。20世纪50年代，结构功能主义在美国的社会学中一度占据主导地位，其代表人物还有戴维斯、利维、斯梅尔塞等社会学家。结构功能主义的研究涉及面很广，包括社会理论探讨、经验研究和历史研究，其学术观点涉及人类学与政治学等社会科学领域，并对现代化理论有很大影响。但是，从20世纪60年代中期开始，结构功能主义遭到相当多的批评：有的批评直接针对它的功能逻辑前提，特别是它采用唯意志论和目的论的解释方式，即把系统各组成部分存在的原因归为对系统整体产生的有益后果；有的批评认为结构功能主义只强调社会整合，忽视社会冲突，不能合理地解释社会变迁。20世纪六七十年代，西方社会学对结构功能主义的激烈批评导致理论分化。然而，20世纪80

年代，社会学理论出现了新的理论整合趋势，如亚历山大提出新功能主义以整合各种分化的理论取向，卢曼则通过新功能主义重新分析了系统的过程。

二 功能主义对社会工作的影响

功能主义不仅对社会科学有很大的影响，作为当代社会学的主导范式（dominant paradigm），其对社会工作专业也有很大的影响。20世纪中期尤其是70年代以后，功能主义理论对社会工作影响巨大。

大卫·豪（Howe，1991）和佩恩（Payne，2005）曾明确指出，功能主义是作为"修补者"（the fixers）的社会工作形态的理论基础。由于功能主义把人与生活环境看作由功能上相互依赖的各种元素组成的系统整体，保持系统各元素的协调和均衡发展，是该系统得以维持与运行的基本条件，也是个体生存与发展所必需的前提。如果这个条件得不到满足，即系统内部的各个子系统或各个元素之间不能有效配合、相互协调时，系统均衡就会遭到破坏，个体的生存和发展就会出现问题。这个时候，社会工作的基本任务就是帮助恢复各个子系统或元素之间的功能，维持其均衡关系，使它们能够重新有效配合、相互协调（王思斌，1999）。在协调和维护系统平衡的过程中，功能主义取向的社会工作，就是大卫·豪曾在《社会工作理论导论》一书中概括的调停者或使能者的角色。在功能主义取向的社会工作者看来，相对于功能上相互依存、相互协调的客观有机体而言，个体对于社会来说只存在一个问题——在适应社会方面存在问题。因而在社会工作过程中，他们倾向于寻找引起社会工作服务对象[①]行为问题的原因，旨在对个体问题进行治疗、纠正并加以维持、控制和监督等；方法上则通过改变服务对象的行为，为个体提供支持和保护。

总之，功能主义的社会工作范式是以个体适应社会生活为基本假设，致力于通过运用各种方法恢复个体的社会功能，使其与社会整体达到更佳的均衡调适状态，也就是社会工作的"修补者"和调停者角色（Howe，1991）。

[①] 服务对象、案主所表达的意思相同，在本书中将视上下文情况交替使用。

三 功能主义与农村社会工作实践

社会工作在中国发展的过程中,由于体制的原因,功能主义取向的社会工作备受推崇,在实践中主要表现为修补型农村社会工作和问题为本的农村社会工作。

(一) 修补型农村社会工作

在西方,社会工作"在社会和个人之间起调解作用"的观点是比较普遍和经典的:社会工作对社会整体和个体之间形成良好的互动关系具有重要的贡献(Lorenz,1994)。在宏观层面,有些功能主义社会学者甚至将社会工作看作现代社会整体大系统的一个次级系统,是现代社会福利系统的子系统(古允文等,1988)。在微观层面,他们认为社会工作对于服务对象具有"恢复和改进社会功能"的作用,即作为一种助人的专业,社会工作在帮助服务对象恢复和增进社会适应能力,促进其更好地体现社会角色的价值方面有突出的功能(Parsons,Jorgensen,& Hernandez,1994)。这种观点在中国和谐社会建设的背景下,得到学术界和政府的认可与青睐。学者们多从宏观方面将社会工作的功能概括为缓解或解决社会问题、维护和促进社会公平正义、促进社会和谐稳定等(夏学銮,1991)。作为"修补者"角色的社会工作在促进社会和谐稳定方面所发挥的作用,在中国社会工作实践中受到高度重视。

具体到当前中国农村社会工作,功能主义取向的社会工作实践强调社会工作的目标是促进社会整合、维护社会秩序。依据功能主义的观点,社会工作是现代社会福利系统的子系统,因此,农村社会工作和农村教育、卫生、文化、科技、信息等其他子系统一起被看作中国农村社会福利体系的组成部分,推动这些子系统建立和完善,发挥各子系统的作用,有效地配置社会资源,缩小社会差距,就能够维持社会和谐稳定。长期以来,现代社会服务体系在中国农村严重缺失和不足,因此,作为现代服务体系组成部分的农村社会工作的建立,本身就是建立和完善农村现代社会服务体系的一部分,其积极意义是毋庸置疑的。"协调社会与个人的关系",这也是当前中国农村社会工作的基本功能,主要通过社会工作者的专业工作,强化农民个体的社会功能,最大限度地调节农民个人、群体、社会组织以及政府系统之间的关系，使农民自觉按照"小康"社会的目标和要求调整自身的行为，确保"中国梦"的顺利实现。

但是，这种农村社会工作实践也暴露出一些问题。首先，容易脱离在地民众的实际需求。社会工作在实际工作中往往体现的是政府和国家的意志，扮演社会服务提供者和政策传递者的角色，这样，有可能造成社会工作所提供的服务并不是民众所需要的。其次，社会工作成为其他专业化服务子系统的协助者，缺乏社会工作自身的特色和独立性。农村社会工作本是农村现代社会福利系统的组成部分之一，应与教育、医疗、文化、科技等其他专业化服务子系统一道共同组成现代农村社会福利体系，发挥各自不同的功能，维护整个体系的协调和完整。而在实际操作中，农村社会工作却往往被看作其他专业化服务子系统的协助者，协助其他专业领域的工作者（教师、医生、文化工作者、科技人员等）开展工作。虽然这种协助者的角色定位，有利于在实际操作层面使各专业化服务子系统协同作战与整合（建立综合性的社区服务中心等），打破传统民政、教育、卫生、文化、科技等行政管理和服务部门各自为政、重复建设的格局，充分体现综合服务的优势，从而取得事半功倍的效果，但是，社会工作也因此失去了自身的特色与独立性。

事实上，这种以社会工作者为中心的做法，在20世纪30~50年代已受到奥托·兰克（Otto Rank）影响下的一些美国社会工作者〔如特夫特（Jesse Taft）和罗宾逊（Virginia Robinson）等〕的挑战。他们认为个体的行为主要受其所处情境影响，是所处各种情境的结果。所谓"所处情境"，既包括环境，也包括社会工作机构的功能。个体行为不是被动地由以往事件决定，相反，只要具备一定的条件，在某种结构性和社会性的关系中，个体就能够实现自我改变。在这种情况下，社会工作的任务就不是对（to）服务对象加以治疗，而是与（with）服务对象一起，建立一种有助于服务对象的潜能被激发、发挥和发展的积极、开放的互动关系，使服务对象的能力与行为发生变化。这样，社会工作的中心就不再是社会工作者，而是服务对象。

总之，功能主义取向的农村社会工作实践存在明显的局限性。第一，过分强调和谐社会调节器的作用（维护社会稳定），限制了其他取向社会工作的发展。例如，有可能忽视社会变迁取向的农村社会工作。在农村社区工作中，有可能过分注重社会规划、地区发展等模式，而忽视社会行动。这对于农村社会工作促进社会公正、关注民生、服务民众的历史使命而言会造成一定的阻碍。农村社会工作者需要对功能主义采取反思的立场，避免将一种理论模式僵化和教条化。第二，功能主义取向的农村社会工作实践一般固守决定论，将服务对象的问题本质化、刻板化和标签化等，用专家的姿态干预服务对象的问题。功能主义社会工作范式整体的"修补者"思路和行动路线，阻碍了社会工作者从更广阔的视角看待农村问题和农民生活，忽略了复杂的社会结构对农民生活造成的影响，忽视了农民自身的变革力量。在实务过程中，农村和农民被视为被动受助的客体，被动地等待社会工作者的救助。第三，在具体的实务中，功能主义指导下的农村社会工作有可能固守某些特定的具体方法，沉迷于技术主义，而忽视对社会结构和权力关系的整体分析与动态探寻，忽视社会冲突的维度，容易坚持"保守"的路线。

需要强调的是，功能主义是实证主义流派的一种具体的理论取向，实证范式社会工作的局限性，在功能主义取向的农村社会工作中也都存在，应该引起社会工作者足够的警觉。

（二）问题为本的农村社会工作

无论是宏观功能主义取向（诸如结构功能主义和系统论），还是微观功能主义取向（诸如精神分析理论、认知行为理论和人本存在主义理论等），在关于人与社会的假设上都是一致的，即"社会是由个体组成的，在功能上相互依存、相互协调的客观有机体"，并且认为由个体组成的社会系统是客观存在的，系统之间是相互依存和相互协调的有机关系，"组成社会的个体存在问题"。因此，功能主义视角指导下的社会工作过程模式包括接案—预估—计划—介入—评估—结案。在这样的过程模式下，最主要的是发现问题、把问题个体化、对个体问题进行分析、确定解决问题的目标和方法技术等。这是典型的发现问题—分析问题—解决问题的个体问题解决模式，具有守成和社会控制的实务取向。

问题为本的社会工作实践经常持缺乏视角（lack perspective）。所谓缺乏视角，是指看问题总是关注服务对象自身的不足和缺点。在这种视角指导下的农村社会工作者重点关注农村社区缺乏或发展不足的地方。例如，农村人口素质低下（教育落后等）、自然资源匮乏（耕地不足等）、地理位置偏僻（交通不便等）、农业技术落后（传统耕作等）等。从缺乏视角发展出来的反贫困策略主要关注如何帮助农村贫困人群弥补自身的不足以及解决发展过程中的问题。无论是服务取向、教育取向的农村社会工作，还是组织取向的农村社会工作，以缺乏视角介入农村社区，基本的做法都是通过外来者的直接资助推动教育现代化、兴办基础设施、引进农业科技和引导农民组织起来等，以此实现农村的现代化或跨越式发展。

在中国，早期运用缺乏视角比较典型的案例就是民国时期晏阳初的乡村建设运动。1923 年晏阳初在北平成立了中华平民教育促进会总会（以下简称平教会），集中人力和财力在河北定县开展乡村平民教育实验。平教会认为，中国当时的重要问题不是别的，是民族衰老、民族堕落、民族涣散，根本是"人"的问题。而解决人的问题，要特别注意农村，因为农村人口占 4 亿人口的 80%。晏阳初从事乡村建设实验的依据是中国农民的"基本缺点"——"愚、穷、弱、私"。针对中国农民的这四种缺点，平教会提出了四大教育：以"文艺教育"培养知识力，以救农民之"愚"；以"生计教育"培养生产力，以救农民之"穷"；以"卫生教育"培植强健力，以救农民之"弱"；以"公民教育"培植团结力，以救农民之"私"。其中"生计教育"的重点是兴办农场果园，引进和推广粮、棉、禽畜良种，成立消费合作社，改良猪种、鸡种、棉花等方面。很明显，晏阳初对农民"愚、穷、弱、私"的假设是基于西方现代文明标准。以现代化的发展目标衡量，传统的中国农民自然是"贫穷"的，因此，解决农民生计问题的策略必然是引进现代高科技农业，改良品种，提高生产力（培养知识力、培植强健力和团结力都是为了提高生产力）。中国农民"愚穷弱私"论的基本假设和立场是典型"问题为本"的缺乏视角（郑大华，2000）。

这样的缺乏视角及基于此制定的扶贫策略贯穿整个现代化进程。迄今为止，笔者在云南、贵州和四川所接触的某些国际 NGO 农村发展项目和我们早期推动的行动研究项目，都有意无意地重复着缺乏视角下的扶贫模式。

例如，国际 NGO 围绕"以权为本"的发展理念来改善社区生计，推动社区的民主管理和可持续发展。其具体做法是帮助村民修公路，使外面的汽车可以直接开进村里；建立妇女活动中心，对妇女进行妇幼卫生知识、社区基金管理、果木栽培、市场销售等方面的培训,还组织妇女代表外出考察,让没机会出门的妇女开阔眼界;推广社区发展小额贷款项目;改变种植结构和方式,提早种植节令,提高科技含量,期望农民增产增收;等等。很明显,这些都是缺乏视角下乡村扶贫模式的做法。

同样,社工在刚进入某乡村时,看到的是村里水、电、路不通,农民年人均纯收入不足500元,许多家庭缺粮和负债,我们的第一反应是"这里太贫穷了!""这怎么行呢?一定要改变他们贫穷落后的面貌!"于是,我们运用各种评估工具(例如"社区行"、参与式快速评估等)分析贫困的原因、测量贫困的程度等,然后对症下药地开展扶贫工作。这种问题为本的思维模式和行动策略是将"贫困"问题个体化,并视之为农村和农民的本质问题,要么将农村"贫困"的原因归结为发展条件滞后(发展不够),要么将农民的"贫困"说成他们自己"懒惰"、"不思进取"、"愚昧无知"所致。于是,救济式扶贫、开发式扶贫和智力扶贫等自上而下的帮扶模式便成为解决"贫困"问题的重要对策。

无论是以往政府的扶贫开发,还是NGO推动的农村发展工作,抑或是笔者早期所开展的一些农村社会工作实验,就扶贫的可持续性而言,基本上都无法善始善终,许多扶贫项目导致农民"越扶越穷"。

总之,功能主义的基本假设是整体性社会结构是客观存在的,个体对社会而言存在问题。而所谓个体既可以是作为个人(个案)和群体(小组)的个体,也可以是作为社区、族群和社会政策的个体,众多的个体问题终将影响社会整合。因此,作为守成的社会工作不仅要运用科学的方法评估个体的问题,还要运用专业的方法解决问题。例如,针对案主的焦虑情绪问题,有的社工会将其视为案主的心理问题,如果运用的是精神分析理论,就会将案主的焦虑与其早期生活经验或人格功能关联起来分析,然后采取催眠术或人格矫治等精神治疗方法解决案主的心理问题;有的社工会把案主的焦虑情绪归因于其居住环境脏乱差,或工作单位人际关系紧张,于是,改善社区环境或调节人际关系等方法必然是舒缓案主焦虑情绪的首选方法;有的社工则将社会政策的缺失或不完善视为案主焦虑的原因,于是就会通过政策倡导来改善政策环境,使案主能够在完善的社会保障体系中有尊严地生活和工作。

第三节 批判取向的社会工作

一 批判理论的传统

批判理论（critical theory）也是一个庞大、复杂的社会思想体系，简单而言，其包含侧重于物质批判的马克思主义的结构性社会批判理论和侧重于上层建筑/意识批判、以诠释学为基础的批判理论两大阵营。随着后现代批判理论和思潮的到来，批判理论又发展出更加复杂的多元主义理论的批判取向。尽管如此，批判理论仍有其共性——以冲突论作为社会本体论的基本假设，在此基础上寻求人性的解放和被压迫群体的社会公正。批判理论或批判的社会理论（critical social theory）有广义与狭义之分。狭义的批判理论是指马克思主义批判理论及法兰克福学派批判理论；而广义的批判理论则包括狭义批判理论、后现代主义批判理论、女权主义、多元文化主义、文化研究等。本节中的批判理论主要指狭义批判理论，同时也涉及部分后现代主义批判理论的内容。

批判理论源于德国以康德和黑格尔为代表的哲学批判传统，而传统马克思主义批判理论、法兰克福学派批判理论和新马克思主义批判理论则是最著名的批判理论。马克思、恩格斯认为，只有科学地揭露（批判）不合理的社会现实，人们才能够彻底改造世界。在马克思、恩格斯之后，曼海姆对意识形态进行了批判，卢卡奇揭示了虚假意识，葛兰西提出了"文化霸权"理论。此外，霍克海默、阿多诺、马尔库塞等，都为批判理论的发展做出了重要贡献。当代批判理论的领军人物当属哈贝马斯，他对当代社会的批判侧重于"科技理性"对人类的控制，并将批判理论同诠释学结合起来，形成"批判诠释论"，提出了著名的"沟通行动理论"。

对意识形态的分析和对文化宰制的强调应该是传统马克思主义批判理论的一个重要转向，这方面对社会工作实践有重大影响的是葛兰西。作为意大利社会党和其后共产党的主要成员，葛兰西目睹了意大利工人革命运动的失败，也看到了获得工人阶级支持的法西斯主义的兴起。基于这些经历，他提出了霸权统识理论（hegemony），旨在使革命党认识到统治阶级成功和生存的基础是建立霸权统识，这是政党的主要任务。"在葛兰西看来，一个政治阶级的领导权意味着该阶级成功地说服了社会其他阶级接受自己的道德、政治以及文化的价值观念……将最少诉诸武力。"（约尔，1988：129）葛兰西的霸权统识概念往往与宰制（domination）一起使用，意指赢得市民社会"积极同意"（free consent）的一个过程，这同通过暴力手段实现"统治"的方式正好相反（葛兰西，2000）。葛兰西的霸权统识概念也很适合用来理解国家（政党）与社会（农民）的文化权力关系及其文化宰制。对葛兰西来说，无论是暴力还是资本主义生产（经济关系）的逻辑，都不能解释附属阶级在生产中所享有的同意，相反，对这种同意的解释存在于意识和思想的力量之中（卡诺伊，1986）。"葛兰西认为，资产阶级是通过它的世界观对人类的意识进行潜移默化的改造而行使统治的，这种世界观通过长期的传播与普及后，终于被群众所适应，成为'常识'（大多数人觉得正确的社会流行见解）；另外，资产阶级对自己政权的维持，主要不是通过对生产数据和暴力手段的垄断，而是通过赢得其他从属阶级对它的意识形态的同意，因为它的统治主要是意识形态和文化的霸权统识。"（毛韵泽，1987：142）

国内外学者对葛兰西霸权统识的概念有多种概括，可以从三个方面理解它的内涵。首先，统治阶级将自己的道德（moral）、智力（intellectual）、信念、价值观等作为普适性的世界观，由那些负责意识形态控制的统治者（一小部分）通过灌输、教育和改造的过程，内化进人们内心深处和日常生活的每个层面。结果，这一主流的意识在人们心目中逐步变为"常识"，或者成为事物自然秩序的一部分（葛兰西，2000）。其次，霸权统识也涉及统治阶级和被统治阶级之间的关系，统治阶级在把自己的世界观变成"常识"（"真理"）的同时，也必须满足从属集团的利益和需求。所以，统治阶级意识形态文化霸权统识的实现也是有代价的，统治阶级必须通过包装、重新构思和使用委婉语气的方法将特殊利益呈现为一般利益；霸权统识必须维护它所为之辩护的特权、地位和财产制度，这些特权、地位和财产制度不仅代表统治阶级的利益，也代表被统治集团的利益，被统治者被诱惑（elicited）顺从和支持，民心已经被当权者俘获了；统治阶级为了赢得民心必须兑现他们的承诺，有时他们必须对自己的行为进行约束甚至牺牲一些个人利益，但在现实处境下统治阶级往往无法兑现承诺，这就会引起社会矛盾、冲突和底层抗争（Ku，2003；罗钢、刘象愚，2000）。最后，葛兰西认为，如果霸权统识是政治道德的，那么它必须也是经济的，即霸权统识必须在重大的经济活动中占有它的地位（毛韵泽，1987：168）。

总之，葛兰西所说的权力与文化宰制，核心是强调国家对市民社会的意识形态文化霸权统识，关注国家权力运作中道德、智力（知识）和信念等方面的力量，而非权力行使中的暴力和强制力。葛兰西非常注重在霸权统识的过程中统治阶级和被统治阶级之间的权力斗争，尤其是承诺与兑现承诺中的政治角力（negotiation）以及抗争的可能性。这些对于文化宰制和权力运作的理解深深地影响了社会工作的实践理论，下文将会进一步阐释。

二 批判理论对社会工作的影响

批判理论对社会工作的最大影响在于强调个人问题的"社会结构"面向，这种理论取向尝试从政治和权利的角度寻求社会变革，期望通过社会行动实现人性的解放。秉持批判理论的社会工作认为，要以社会公正为己任，要尊重服务对象的地方性知识，因为地方性知识不但能够指导社会工作实践，甚至能够改变服务对象所处的社会环境。大卫·豪（Howe，1991）将传统马克思主义社会工作范式称为"革命者"（the Revolutionaries）范式，这种范式下的社会工作遵循马克思主义经济结构变迁和阶级分析的立场，致力于通过社会行动改变被压迫者现实的政治经济环境和生活条件。与传统马克思主义社会工作不同，受哈贝马斯等"批判诠释论"影响的社会工作范式被称为"意识提升者"（the Raisers of Consciousness）范式，这种范式下的社会工作实践注重提高人们对于社会压迫的觉悟，使他们通过挣脱思想的枷锁而获得自身的解放。

"革命者"范式下的社会工作侧重于社会结构分析，将个人的问题归结为社会经济结构问题，即个人问题实质上是社会经济结构造成的，而非个人性问题，个人关系被视为资本主义社会关系的产物。"革命者"范式下的社会工作认为，是不合理的社会政治经济结构直接导致特定社会群体遭遇不公平对待，导致他们的弱势地位，因此，必须通过社会行动消除不合理的社会制度。人性解放和社会变迁是此范式下社会工作的核心目标，因为只有社会和政治思想的革命或变革，才能够解决现存的社会体制问题（何雪松，2007）。

"意识提升者"范式下的社会工作往往质疑实证主义的客观性、经验测量和寻求普遍规律等原则，它基于一种解释性社会科学传统，旨在揭示人们赋予行动的意义，帮助人们认识由优势集团制定的规训个人行为和互动的社会规则。批判诠释论不仅尝试理解与某些被视为"变态"行为的沟通方式，还要从中寻求能够带来改变的新的理解和解释。不同的话语体现不同的利益诉求，优势群体可以通过法律、制度等来体现其意志，并将压抑弱势群体的话语制度化、常识化，使这套话语体系内化到弱势群体心中，常常使他们以优势群体的标签化语言进行自我污名化。因此，改变不合理的制度安排、去除对弱势群体的污名化定义、使弱势群体发声和表达利益等，是促进社会变迁的重要手段。"意识提升者"范式下的社会工作非常重视弱势群体"集体意识提升"和"集体行动"等策略（Ife & Ife，1997）。

第四节　农村社会工作重要的实践理论视角

尽管批判理论的构成很庞杂，在社会工作实践中的路径有所不同，但其背后的精神都是一致的，即批判取向的社会工作一般从社会结构、社会制度和社会秩序等方面深层次探寻社会问题的根源，从而倡导社会运动或社会变革。譬如，以马克思主义政治经济学批判为基础的社会工作与激进人本主义的社会工作，各自遵循不同的批判理论，但都主张从社会存在、经济基础和阶级压迫中寻找社会问题产生的根源，主要任务都是与服务对象一起，通过阶级斗争或其他集体行动来改变社会现实。受批判理论影响，许多不同的社会工作实践模式逐步发展出来，本节着重介绍当下农村社会工作广为应用的几种社会工作实践理论。

一　增权理论

"增权"（empowerment）或"倡导"理论是社会工作重要的实践理论之一，这一理论主要从马克思主义理论演变而来。[①] 传统的马克思主义批判理论往往主张通过大规模的社会变革解决现存的社会问题，然而，许多现实问题主要发生在个体、家庭、群体或小型社区等微观领域。为了将宏观社

[①] 社会工作的增权理论跟巴西教育学家弗雷勒（Freire，1973）的思想有密切关系，详情可参阅其著作《批判意识的教育》（*Education for Critical Consciousness*）。

会变革的目标与微观社会工作协调起来，一些马克思主义社会工作者提出"增权"或"倡导"理论。这种理论主张在宏观的社会变革未发生之前，社会工作者应该协助服务对象争取社会权益，促使现存的社会结构做出一些有利于服务对象的制度或政策调整（Lee，2001）。

增权理论在问题为本的理论模式之外提供了另类的实践视角（O'Melia & DuBois，1994）。跟优势视角一样，20世纪80年代提出的增权理论很快成为服务妇女、黑人和受压迫群体的重要理论，其最重要的目标就是去发动有力量的民众（Gutierrez，1990）。根据Lee（2001）的说法，增权理论主要是三个层面的增权：（1）发展更加正向和有潜能的自我（sense of self）；（2）使民众拥有知识和能力，让其可以更加批判性地理解和解读其所处的社会与政治环境；（3）开发资源、发展策略和功能性能力以达致个人和集体的目标。简而言之，增权的实践就是致力于增加个人和集体的权力，让民众能够主动采取行动改善自身的处境（Lee，2001；Gutierrez，Delois，& GlenMaye，1995）。支撑增权理论的依据是：受压迫群体的困苦/困境不是个人的原因、个人选择的失误，也不是他们自身行为的失当（pathological behaviour）造成的，而是失权的结果，失权意味着缺乏资源、权力和掌控力。只要适当地赋权民众，他们就能够拥有更多的力量和能力去改变自身面临的诸多困境。

增权理论最大的优势是看到社会、政治和经济等宏观的力量对底层民众自身选择和参与的限制。因此，它拒绝问题为本的视角，即把底层民众的贫困归结为个人的问题，而是倡导促进个人和社会制度的改变。为了达到增权这一目标，社会工作的介入致力于增强民众的权利意识，让他们认清限制自身发展的社会关系和政治经济环境（包括个人、社会关系及政治经济制度、自然环境的限制），然后寻求突破各方面权力桎梏的方法。

在这一过程中，社会工作者主要扮演社区教育者的角色，通过教育启蒙，增强受压迫群体或者弱势群体的权利意识。例如，在农村社会工作中，社会工作者侧重于分析市场化及全球化发展对"三农"问题或社会公正所产生的影响，在介入策略上，以农村社区或农民的需求为本，增强村民的权利意识，与村民一起努力改变各种不合理的权力结构或制度安排，致力于创造一种公平的社会环境，从而从根本上改善村民的生计和生活状况。

批判取向的农村社会工作在中国有相对广阔的运用空间。比如，与发达地区的农村相比,我国中西部贫困地区的农村长期处于资源短缺、发展机会不平等、相对边缘化的状况。以促进社会公平和社会变迁为己任的农村社会工作者既可以以"增权"或"倡导"理论为基础,努力增强贫困地区农民的权利意识和改善生计的能力,也可以尽力为农村社区争取更多的资源和公平发展的机会,使农民尽快摆脱困境,还可以深入研究农村贫困的根源,推动相关社会政策的改变和制度创新。因此,批判取向的农村社会工作在新农村建设中承担的重要角色是增权者,社会工作者通过运用增权理论,增强村民的权利意识,促进村民的赋权。

增权社会工作思潮承袭激进人本主义理论,又以传统马克思主义与现代批判理论家(如葛兰西、马尔库塞、哈贝马斯等)的某些理论为基础。人本主义认为人们的生活世界是一个"意义世界";激进人本主义者又进一步看到这个世界充满了不公正的事实。因此,与一般人本主义者不同,激进人本主义者认为,人们在"意义世界"中产生的人格的、心理的问题必须在现代资本主义社会的反人道特征中加以理解。社会工作者的任务就是与服务对象一道,通过改造现存的社会秩序,解决人们在"意义世界"里所遭遇的诸多问题。激进人本主义者虽然要求改变社会现实,但最终仍然致力于改变服务对象的"意义世界"。

二 能力建设理论

在过去20年,能力建设理论(capacity building)发展得很快,成为政府、非政府组织和非营利组织的讨论热点(Eade,1997),[①] 在联合国和其他 NGO 的会议上,人们都在讨论能力建设的议题。这一理论在某些助人的专业领域(譬如社会工作、护理等领域)得到广泛应用,成为这些专业领域实务模式的重要指导理论。在农村社区发展过程中,如果要追求发展的可持续性和以民众为中心的目标,能力建设就不能不成为一个重要的考量,是否有能力建设的因素,往往成为评估一个农村发展项目经费的使用、有效性及其表现的重要指标(James,1994)。

能力建设理论主要受早期增权理论、市民社会理论、社会运动理论和参与理论等的影响,而这些理论既沿袭了马克思主义理论和批判理论的传

---

① 譬如乐施会等就出版与能力建设相关的书籍。

统，也有巴西保罗·弗雷勒（Paulo Freire）批判教育学和解放神学的烙印（Freire，1972）。能力建设理论中的意识启蒙和良知化等概念本身就源于弗雷勒的批判教育学和解放神学，这些概念在20世纪七八十年代出现并很快风行，影响学术界和社会运动界，成为人们界定人类发展和赋权的学术与道德框架。这些概念之所以最早在拉丁美洲出现，与在地的时代背景有密切关系。迄今为止，这一理论依然很有影响力，继续给予社区发展以及诸如能力建设等新理论启发（Escobar & Alvarez，1992；Eade & Williams，1995）。

承继弗雷勒《受压迫者教育学》（*Pedagogy of the Oppressed*，1972）和《批判意识的教育》（*Education for Critical Consciousness*，1973）中关于意识启蒙的思想，能力建设理论认为学习和阅读是政治性的，如何阅读世界影响我们如何阅读文字，所以能力建设的重点是通过对话式的教育启蒙民众的思想，挑战原有的社会制度、改变原有的权力关系。这种观点基本上构成能力建设理论的三个层面：（1）认为民众的经验和知识是非常重要的；（2）意识、学习、自信、自尊、行动力和改变力（capacity for action and change）是能力建设过程中的重点；（3）相信贫困和边缘群体有权利和能力去挑战威权，从而建立一个新的没有剥削和压迫的社会。

拉丁美洲的解放神学是能力建设理论另一个重要的历史源泉。它从对《圣经》的重新解读开始，企图重新寻找真正的"穷人的福音"，希望通过对《圣经》的重新解读，找到个人、集体甚至全国的解放之路，挑战真实世界的不公正和解决贫困问题。女性主义神学则进一步希望通过运用《圣经》这一有力的武器为贫困和弱势的妇女服务。无论如何，这些理论都延续了马克思主义和批判理论的传统，强调弱者的权力，企图通过介入民众意识的启蒙，推动运动和增权（Eade，1997）。

能力建设理论自出现以来，已经在农村社区发展中被广泛地用于支持和培育农村社区民众能力的成长与意识的转变（Moyer et al.，1999；Li et al.，2001）。社区参与（participation）是农村能力建设中的关键，在推动社区发展中，没有在地民众的参与（non-participation）是导致工作失败的根本原因。因此，在农村社区工作中，推动个人或集体提升意识、加强能力建设将是农村社会工作者的重要任务，因为意识没有转化的民众参与不是真正的参与，民众也无法真正成为社区发展工作的主人。

三 资产建设理论

当前，西方国家农村社会工作有一个重要转向，就是重视社会网络（Social Network）和社会资本（Social Capital）的建设。美国堪萨斯州立大学社会福利学院的研究认为，资产建设（Assets Building）以"增权为本"的实务模式为基础，旨在发现和重新肯定个人能力、天赋、智慧、求生技能及志向，挖掘社区的共同财产和资源。美国西北大学资产建设社区学院的研究也认为，与资产及能力建设相吻合的是尝试探求资源以及培养社区不同的关系（Kretzman & Mcknight, 1993）。而圣路易斯州美国华盛顿大学社会发展中心的史拉顿（Michael Sherraden）教授的资产建设研究团队则将资产建设作为低收入家庭和贫困人口的发展策略，以此协助这些群体形成积累资产和储蓄的机制，从而重树生活信心（Sherraden, 1991）。社区发展实践非常强调资产建设和能力建设的方法（Sherraden, 1991; Kretzman & Mcknight, 1993）。斯诺（Snow, 2001）认为，社区资产包括本地居民的技艺、本地居民组织的权力，公营、私营、非营利机构的资源及当地的物质和经济条件。资产建设模式的核心是假设每个人都具有能力、潜质和天赋等禀赋资源，关键是要发掘并抓住这些资源，并详细列出社区及个人能力清单（capacity inventory）。

四 优势视角

优势视角（strength perspective）最早是由美国堪萨斯州立大学社会工作学院提出的。与问题为本的社会工作不同，优势视角的社会工作并不把注意力集中在民众自身的局限和问题上，而是努力去发现和挖掘在地社区及民众自身的优势，教我们怎样去看见和发掘在地社区和民众的优势（Weick et al., 1989; Scale & Streeter, 2003; Cowger, 1997; McMillen, Morris, & Sherraden, 2004; Saleeby, 1997）。社会工作者通过优势视角，能够看到民众拥有日益成长的能力和潜能，社会工作的焦点因而也发生了变化，从原来的不断解决问题，转变为协助民众发掘和发挥自身的优势（包括他们内在的资源、过去的成功经验、正向的态度和好的素质等），以实现他们发展的目标。在这种视角下，社会工作者不会运用专家式的事先定下的介入手法，而是在协助民众发掘自身的优势和潜能及社区资源的过程中发现可行的方法。Locke、Garrison 和 Winship（1998）进一步指出优势为本的视角对发展民众的能力有很大的作用，能够解决他们关心的问题。因此，优势视角也是以上提到的能力建设理论和资产建设理论的核心，能力建设和资产建设同时又是优势视角的重要内容。

优势视角的社会工作反对将服务对象问题化，认为问题的标签对服务对象"具有蚕食效应，重复的次数多了之后，就改变了案主对自己的看法和周围人对他们的看法。长期来看，这些变化将融入个人对他们的自我认同（越来越没有自信心）"（Saleebey，1997）。优势视角强调社区发展要重视资产建设和能力建设。塞勒伯（Saleebey，1997）明确提出："优势视角是对传统社会工作实践的一次戏剧性飞跃。优势视角取向的实践意味着：作为社会工作者所要做的一切，在某种程度上就是立足于发现和寻找、探索和利用案主的优势与资源，协助他们达到自己的目标，实现梦想，面对生命中的挫折和不幸，抗拒社会主流的控制。"塞勒伯（Saleebey，1997）认为，在一段时间内，社会工作在发挥案主的优势方面做得不够。"优势视角的实践要求我们从一个完全不同的角度来看待案主、他们的环境和他们的现状，不再专注于问题，而是把目光投向可能性。在创伤、痛苦和苦难的荆棘之中，你能看到希望和转变的种子。其实这个公式很简单：动员案主的力量（天才、知识、能力和资源）来达到他们自己的目标和愿望，这样案主将有更好的生活质量。"

优势视角有这样一些基本信念：（1）赋权（empowerment）。西蒙（Barbara Levy Simon）认为赋权应建立在五个理念之上：与案主和委托人之间的合作伙伴关系；强调案主的能力和优势并促进其不断增强；关注个人、家庭与环境；将案主视为积极的能动主体；关注一直受到剥夺和压制的人群（Simon，1994）。（2）成员资格（membership）。优势取向承认我们所服务的对象和我们一样，都是某一类社会成员，享有与生俱有的自尊、尊严并负有责任。保证和使成员实现享有的权利、促进其承担责任、确保成员身份的安全是赋权的第一步。成员资格的另一价值，就是同一归属的人们能够走到一起，发出自己的声音，让不公平受到重视，需求得到满足，从而实现自己的梦想。（3）抗逆力（resilience），是一种面对磨难进行抗争的能力。很多研究和实践表明，人在遭遇严重麻烦时会有反弹，个人和社区可以应对和处理非常麻烦的负面事件。（4）对话与合作（dialogue and cooperation）。通过对话，能够确认别人的重要性,并开始弥合个人、他人和制度之间的裂缝。

为此,优势视角的社会工作有这样一些特点:强调每个个人、团体、家庭和社区都有财富、资源、智慧、知识等优势;虽然创伤和虐待、疾病和抗争具有伤害性,但这些表象背后可能会有挑战和机遇,即那些为面包、工作和住房而抗争的人们是拥有抗逆力和资源的,即便生活困苦,他们也有取得成就的期望;与案主合作,才可以更好地服务案主;案主所处的环境充满着资源;注重关怀、照顾和发展的脉络(Saleebey,1997)。

在优势视角理念和原则的指导下,20 世纪 90 年代以来,社区发展在美国再度兴起。美国社区发展主要以能力建设和资产建设为核心,侧重于三方面的内容:一是资产建设和能力建设。社区发展的许多概念集中关注、挖掘并利用社区内可获得的资产、资源和优势。社区发展的步骤首先是分析社区存在的资源、支撑社区生活的人力资本和物质资本、居住和工作于社区的人们所拥有的能力和优势、社区内的组织和团体对社区资产所做的贡献和发挥的作用等(Benson,1997;Kretzman & Mcknight,1993)。二是建立关系。建立关系的前提是社区工作者承认社区及其周围环境中存在没有被认识的有价值的内在资源(基本假设是社区及其周围环境可能隐藏着某种内在的资源),社区工作者应该欣赏和发掘社区的这些内在资源。而社区资源的发掘离不开信任、关怀和负责任的关系的建立,因此,社区工作者十分注意构建或重塑自己与居民以及正式的居民组织之间的关系。三是树立希望。社会工作计划实施者用优势视角和资产为本的取向激发案主和社区工作者的乐观情绪、希望和动机。

五 社会发展理论

如果说以上社会工作实务理论是从微观(micro)和中观(mezzo)层面介入,那么,社会发展理论(Social Development)则是从宏观层面思考问题。按 Midgley(1995)的说法,社会发展的整体目标就是要确保社会和经济政策是包容性的,能够让社会各层面的人群受益。任何发展的项目必须是民众中心以及可持续性和产出性的(Eade,1997;Plummer,2000;Chambers,1984)。如果落实到农村社会工作上面,则必须是致力于提升民众的能力,让他们能够有生产性地参与社会经济发展(Midgley,1995;Torczyner,2000)。社会发展理论的根本信念是每个贫困和边缘的人都拥有能力和资源,增强他们的能力和信心,让他们做出自己的选择、决定自己发展的方向、采取行动是社会发展的根基(Ginsberg,2005;Lohmann & Lohmann,2005;Collier,2006)。社区发展的另一个重要的理念是,每个人都有平等分享世界的财富、主导自己发展的权利,权利被剥夺是贫困和创伤的根源。所以在农村社会工作中,比较好的方式就是去建构在地社区的能力,让民众推动社区发展。

要让民众有能力自主推动社会发展,首先必须破解现代化发展主义(developmentalism)的迷思。发展主义(developmentalism)的意识形态是蕴涵于意义与权力之特殊文化脉络下的论述,将现代文明的发展视为一系列线性进步的过程(斯戈齐、哈吉斯,2003:12),并将其等同于经济增长,再将经济增长等同于美好生活。这种发展主义的信念,"将丰富多元的人类需求和自然生态,化约成单一的向度,仅以经济指标来衡量"(许宝强,2003:2)。这套发达、进步的发展论述声称"落后"地区(第三世界)的人们只要采取发达国家(西方国家)的现代化、工业化、市场化、私有化等发展策略,就可以慢慢赶上发达国家的经济发展水平,从而过上美好生活(沃勒斯坦,2003:20)。

发展主义论述将西方以外的国家或地区命名为"贫困地区"、"第三世界"、"落后国家"、"发展中国家"、"低度发展地区"、"边缘地带"等,以此为依据将这些国家或地区的"穷人"边缘化。埃斯科巴借助福柯对知识、真理和权力的分析,解构西方发展主义论述及权力/知识实践(特别是学科专业化过程等)如何建构了非西方国家(地区)的贫困落后,进而确立和强化了西方的优势地位(埃斯科巴,2003:84~107)。埃斯科巴(2003)从"真理"的生产、标签的生产过程、主体客体化三个方面具体阐述了发展论述将西方以外的国家(地区)及其农民边缘化的机制。第一,有关发展的"真理"的生产。西方通过将一个理论体系(发展经济学)、一些实践(发展政策、规划等)和许多区域性或地区性的发展组织等相互结合(权力运作),使追逐经济增长的发展论述在不同的国家和地区间扩散与流行。第二,标签的生产过程。新的学科(专业)分类及专家[①](埃斯科巴,2003)

---

① 权力技术之一是不断生产关于第三世界的真理和规范化知识,大学和机构训练出来自"第一世界"的专业人才,更为来自"第三世界"的学生提供各种建基于经验主义的社会科学真理等(埃斯科巴,2003:88)。

与国家新体制密切结合,将全世界划分为"发达"与"不发达"、"发展"与"不发展"、"现代"与"传统"二元对立的类别。"西方社会的发展路程变成了唯一'正常的发展标准'(normality of change),凡不合乎标准的(abnormal)社会都被贴上传统社会、未开发社会的标签。故要踏上富强或现代化的道路就必须以西方工业文明为目标,采纳与西方发达国家相近的知识系统和技术,发展科技、发展工业、建立市场经济等。"(古学斌,2003:20)第三,埃斯科巴认为资本主义为了获得廉价劳动力和廉价粮食等资源,必须让发展中国家和地区的人民内化西方发展的观念,积极主动地参与全球发展的"工程",成为发展的参与者(主体客体化)。

然而,由于现代科学知识在农村赢得了独尊的地位,传统文化、知识、技艺和价值观逐渐丧失。"在这种发展主义文化的不断生产和再生产过程中,大部分中国农民也接受了别人为他们建构的形象,自我否定、自我矮化"(古学斌,2003:31),出现自信心和身份认同危机。

这种对农民的形塑,我们在各地开展农村社会工作时深有体会:我们常常看到村民自己看不起自己,看不起家乡的文化;看到一批批青年人渴望离开自己的"生命共同体"——养育自己的社区,一旦离开,就再不愿意回到故里;即便回来,也是带着外人的眼光来看自己的家乡,嘲弄自己家乡的传统文化,接受别人赋予自己的身份标签来否定自己的文化身份,最后的结果恐怕就是他们被慢慢地同化,他们的文化被侵蚀而慢慢消失,整个社区被瓦解。今天我们在农村开展社会工作,如果要提倡扶贫灭贫,实现农村可持续发展,就不能不去反省发展主义的论述,重新发掘、保护和肯定农民的传统社会和文化,让农民寻回自己的价值和能力,成为有历史自觉、文化自尊和社区自信的群体,否则一切发展的结果只能是再度否定农村社区,强化农民的边缘性。

破解发展主义话语对农村社会工作具有重要意义:第一,让我们重新审视发展的观念,认识到现代化发展理论对农村社会的破坏,寻求能够保护农村、农民和农业发展的另类发展道路;第二,探索用文化政治的策略来保护和团结农村社区。

六 贫困与反贫困

贫困是中国农村依然面对的问题之一,反贫困实践更是农村社会工作不可缺少的组成部分。国际上对于贫困的理解有所差异，学者们目前还没有达成共识。一般而言，贫困有狭义和广义之分，狭义的贫困就是所谓的物质或经济上的贫困；广义的贫困指除了经济意义上的狭义贫困之外，还包括社会、环境等方面其他因素（如人口期望寿命、婴儿死亡率、受教育程度、参与经济与社会交往的愿望等）上的能力贫困和权力贫困，是收入、能力、权力三种贫困的集合。三者之间的关系是：收入贫困是贫困的表现形式，能力贫困是贫困的直接原因，而权力贫困则是贫困的社会后果。在实践中，很难将三者完全分开，它是一种综合的表现形式。

另外，还有观念和意识上的贫困。只有观念和意识发生了改变，他们才有能力去改变经济和政治的处境。譬如在农村，有些贫困群体因为思想保守，很难吸收新的知识、转化观念，导致不接受新技术，生产效率低，产量无法提升，经济收入无法增加；在政治上，许多农村贫困群体不了解自身的权利和权益，不知道如何利用政策改善自己的生活。

对贫困概念而言，还有绝对贫困和相对贫困之分。简单地讲，绝对贫困就是没有达到温饱水平，不能达到最基本的生存状况；相对贫困是一个动态的过程，一般根据低于社会平均收入水平的一定程度确定。相对贫困随社会的经济发展水平而不断发生变化，一般通过"贫困线"判定是否相对贫困。贫困线一直在变动。2015年世界银行将贫困线从原来按照实际购买力计算达到日收入1美元的国际标准提升到了1.90美元。中国的贫困线一直跟国际标准有差距，从1985年开始到现在一直在变动——从原来的200元到2011年的2300元。中国目前的贫困线以2011年2300元不变价为基准，此基准可能不定期调整。根据2011年确定的贫困线标准，农村贫困标准为2300元，这比2010年的1274元提高了80.5%。按2011年提高后的贫困标准（农村居民家庭年人均纯收入2300元人民币）计算，中国还有8200万贫困人口，占农村总人口的13%，占全国总人口近1/10。2015年贫困线调为2800元，2016年贫困线约为3000元。直到2017年，中国还是沿用2011年的标准。

对于贫困形成的原因，主要有五种解释：①个人的缺乏导致的贫困（individual deficiencies）；②文化信念和系统导致的贫困；③结构性排斥和歧视（经济、政治和社会）导致的贫困；④地理分隔（geographical disparities）导致的贫困；⑤综合循环因素导致的贫困。这五种解释从微观到宏观、从个别因素到综合因素，使我们看到了贫困形成的不同面向。于是，社会工作在回应贫困议题时，也可以从不同面向介入（Bradshaw，2007）。

但面对反贫困的议题，大家都有共识从政策出发是更加有力和有效的。所以反贫困成了当今各国政府的重要国策，也是农村社会工作实践的一个部分。简单来讲，反贫困，就是通过各种政策制定、执行以及相应的宏观和微观的行动，来减少、消除贫困。而扶贫正是反贫困的具体过程。对于扶贫模式，至少可以将其理解为一套规划的、具有可推广和复制意义的行动集合。它是建立在理论基础上的一种操作方式。中国的反贫困其实从20世纪80年代开始，1986年我国政府成立了扶贫开发领导小组，并在中央和地方政府成立了扶贫开发办公室。《中国农村扶贫开发纲要（2001～2010年）》（以下简称《纲要》）指出2001～2010年农村扶贫开发的目标是："尽快解决少数贫困人口温饱问题，进一步改善贫困地区的基本生产生活条件，巩固温饱成果，提高贫困人口的生活质量和综合素质，加强贫困乡村的基础设施建设，改善生态环境，逐步改变贫困地区经济、社会、文化的落后状况，为达到小康水平创造条件。"此《纲要》还提出了一些基本方针，包括"坚持综合开发，全面发展"，要关注社区的全面发展，包括经济、文化建设等；"坚持可持续发展"，这是社区发展和中国扶贫开发工作的根本；"坚持自力更生，艰苦奋斗"，这就要求社区是发展的主体，需要自己的做主发展意识的提升、行动的努力，最终达致可持续性脱贫；等等。在此期间，也推出了很多扶贫模式，如"整村推进"模式、"互助合作"模式等，这些扶贫模式是一种制度性扶贫模式，在取得一系列扶贫成果的同时，也受到了一些挑战。

在2010年10月17日（国际消除贫困日）的一个研讨会上，国务院扶贫开发领导小组副组长、办公室主任范小建表示："今后中国将继续优化扶贫环境，努力促成区域、行业和社会政策进一步向贫困地区、贫困人口倾斜。逐步提高扶贫标准，使更多的贫困人口得到扶持。继续坚持开发式扶贫方针，实现扶贫开发和农村低保两项政策的有效衔接。"[①] 中国发展基金会汤敏提出"中国的扶贫开发工作进入了新的时期，要从原来的以改善生

[①] 范小建：《30年间中国绝对贫困人口减至1500万以下》，http://politics.people.com.cn/GB/1026/8190834.html。

产、生活条件为主的开发式扶贫转变到帮助贫困人群全面发展以人为本的发展式扶贫,从解决绝对贫困到相对贫困,从瞄准一美元一天的贫困人群到关注发展贫困人群"[①]。因此笔者认为,国家未来农村扶贫应该在保证将救助贫困和开发式扶贫相结合的基础上,以农村社区可持续发展为根本目标。以农村社区可持续发展为根本目标。2013 年,中国政府提出了"精准扶贫"的新概念,希望确保 2020 年贫困人口如期脱贫。

不管哪一种反贫困模式,要成功都必须增强农村社区发展的内推力,培育社区组织和领袖,促进社区的整体发展。社区主导型发展(Community Driven Development,CDD)是社区参与式扶贫的最高形式。CDD 是一种发展的过程,通过这一过程,社区能够支配和利用影响他们生存与发展的资源,并享有控制和决定这些资源利用方式和管理方式的决策权。项目资金的分配、决策、资金管理、工程实施都由社区做主,而政府在过程中只是起到服务、监督、指导的作用。CDD 的主要做法是:

(1) 项目分轮次实施,几轮次实施之后,让村民总结经验,提升能力;

(2) 由非政府组织提供技术、管理、服务、指导,并监督项目的实施和管理;

(3) 在项目准备阶段,建立相应的社区组织,制定管理办法,并进行广泛的宣传和动员;

(4) 为每个项目试点村制定相应的社区发展规划;

(5) 项目申请资金如何使用由村民决定,但由于每一轮次项目申请额有限,只能用于社区小型基础设施建设;

(6) 项目评选由行政村项目管理委员会(每个自然村两个代表)决定,其他组织和机构无权干涉项目资金的分配;

(7) 项目村自主选择项目施工队伍(前提是有资质),由村民组织决定施工的内容;

(8) 项目村有权决定选择哪个技术服务队伍和如何使用服务费用;

(9) 项目资金必须完全由村民代表掌握,而且必须分几个人管理,必须在项目施工前就落实项目资金,而非项目实施后;

[①] 汤敏:《发展贫困线与新时期扶贫》,国务院扶办官方网站(http://www.cpad.gov.cn/data/2007/1130/article_336376.htm),2008 年 11 月 30 日。

（10）村民自己监督项目实施情况，形成社区的内部监督机制；

（11）地方政府建立好投诉机制与项目管理和服务机制，培育政府的服务型管理理念；

（12）在项目社区运作社区发展基金，为农户提供小额贷款，解决资金不足的问题；

（13）提升社区可持续发展的可能性，包括对环境资源的保护、开发和利用。

CDD 最终的目标是让社区实现可持续发展，并在过程中提升村民的可持续发展意识和能力，最终实现社区的可持续发展，真正做到以人为本的扶贫发展。

七　社会经济理论

在农村社会工作中，不可避免地要面对村民经济发展的议题。社会经济〔Social Economy，或称团结经济（Solidarity Economy）〕除了是解释性理论外，也是实践性理论。它除了对资本主义市场经济发展有深刻的分析和批判外，还具体指出了资本主义经济发展之外的另类发展道路——社会经济。

中国大陆在改革时期也进入了全球资本经济发展的系统。改革以来，中国的高速工业化与城市化之间的巨大落差造成了两亿多农民工"进退两难"的身份困境，他们的劳动权利因为这种模糊的社会身份而无法得到保障。当下的中国社会正处在第二次改革的十字路口。面对过去 30 多年市场经济发展带来的各种社会问题以及深层社会矛盾，"十二五"规划提出了"在继续保持经济平稳较快发展的同时，加强社会建设，注重以人为本，注重全面协调可持续发展，注重统筹兼顾，注重保障和改善民生，促进社会公平正义"，同时通过城镇化来弥补城市化与工业化之间的落差，城镇化的重要任务是将农业转移人口逐步转为城镇居民，完善土地承包经营权流转市场，实现对土地的高效利用。这意味着，为了配合工业化发展，城镇化进程将全面展开。

然而，土地被资本高效地使用了，农民是否因此过上了幸福的、有尊严的、有保障的生活？现实告诉我们，通过农村土地流转向城市工业资本以及地产资本开放所带来的农民身份与空间转换，无法真正解决"三农"

问题，甚至很可能将农民推向更加窘迫和尴尬的处境。他们不仅失去了原来的生活社区和社会关系，同时也面临着严重的生存困境，就业以及各项社会保障都无法真正得到落实。

以资本为主导的城镇化发展模式主要依赖大企业与大资本，不是以人为本，而是以实现利润为唯一目标，这必然造成其与当地社会经济发展及社会关系脱离。这种发展模式不仅无助于社会建设，也无法解决当下全球社会面临的种种深层社会矛盾。

一般来说，市场经济的主要缺陷在于资本垄断的不可避免，人与土地的高度商品化以及对社会与环境的破坏；而计划经济的主要缺陷在于高度集中的计划生产缺乏灵活性，官僚主义管理，工人的生产积极性和自主性不足。相比之下，社会经济最大限度地避免了这两种经济制度的内在缺陷，并吸收了这两者的长处：它整合了市场经济的生产效率与管理模式，并承继了计划经济的公平分配与社会参与。

如何使经济发展与社会建设同步？社会经济理论指出，经济的发展必须回归社会，将市场经济逐渐向社会经济转变。立足农村社会现实，真正推动和扶持多元化的经济模式，在农村社会原有的基础上推进工业化与城镇化，而不是任由或者鼓励大资本侵入农村社区，将土地和农民彻底商品化。

从根本上说，社会经济不是服务于资本积累的，而是重新将经济发展嵌入社会关系中的一种新型发展模式。经济发展要为人民服务，而不是倒过来要大众为大资本赚取暴利和不理性的经济发展买单，经济发展必须立足于社会，服务社群。

推行社会经济，要旨应包括：①以人为本。经济为人人，人人做经济，每个人都可过上有保障及有尊严的生活，也可自主地参与经济活动，免受高地价等不公平竞争因素制约。②立足社区、互助合作、民主参与。社会经济提倡社群间的互助合作及团结精神，反对当下市场经济为追求大资本利益而牺牲社群生计，一方面复原经济活动的社群元素，另一方面让经济活动呈现多元性、开放性及创造性。③重视人与土地和谐共生，实现共同永续富裕，实行多元化的社会所有制。

社会经济是主流市场以外的一种新经济实践。其特点为：经济发展不是为了少数人的暴利，生产不是为了无谓的消费，而是为了解决民生问题，共同致富，缔造有尊严的生活和理想社会。社会经济欢迎所有人参与，成为生产者、销售者、分配者或使用者，透过持续不断的经济实践达致自我提升，是一场要求众参与者透过民主参与、互助合作，推动个人和社群经济生活模式改变的社会运动。

社会经济包括生产、交换、使用、分配和创造价值五个经济范畴。这五大范畴应该充分为不同的社群提供新经济实践的场地，让不同的群体根据不同的专长和需要，参与和体验真实的经济生活，透过不断的学习与实践，扩展个人的生活内涵、促进社会经济可持续发展。

社会经济反对唯一的经济模式，它的实践是多元、开放的，但又有着统一的目标——"互助合作"及"共同参与"。它是共同创造理想社会的过程，希望通过各式各样的经济与生活实践，建构一种以参与者为主体的新的社会经济制度。

依据欧洲社会经济联盟（Social Economy Europe）所倡议的《社会经济原则宪章》（Charter of Principles of the Social Economy），社会经济运动的原则包括以下七条：

- 重视个人及社会目标高于资本与利润；
- 成员的参与必须是开放而自愿的；
- 重视利益相关者的参与，由成员民主管理；
- 业务的营运不仅维护组织成员和服务使用者的利益，同时顾及公众的利益；
- 维护并努力实践社群之间的团结精神及相互守责的基本原则；
- 独立于公营部门，实行自主管理；
- 盈余大部分用于实现永续发展的目标，除服务成员的利益外，同时顾及公众利益。

社会经济运动的参与者必须重视以上原则，然而由于不同的社群有不同的特点以及在地情况存在差异，在具体的经济实践中，有可能需要在不同的价值范畴之间做出取舍；当面对此情况时，社会经济运动的参与须持续地透过集体参与及讨论，以求在不同的社会及经济价值之间取得平衡。这个民主参与及决策过程，是社会经济运动的重要一环，透过经济民主，参与者得以自我提升，并进行民主参与、互助合作，逐渐改变个人的经济生活模式进而改善社会状况。

小　结

　　总之，批判取向的社会工作提供了颇具启发性的理论依据和分析视角，尤其是弥补了实证主义和功能主义"修补者"范式的"权力盲点"和诠释学范式忽视客观结构的缺陷。但批判取向的农村社会工作是以一定的社会理想（价值判断）为支撑，因此，在具体的实践过程中社工应该警觉不要将自己的"理想"强加于当地农民；在强调社会问题的总体性社会结构成因时，不要忽视地方特色和农民自身的优势与局限性。

　　批判方式下的农村社会工作实务及理论，除了让我们能够解构发展主义的霸权统识、看清发展论述的迷思、看见宏观制度和权力对于民众的影响外，更重要的是重新肯定在地民众的力量、能力、资源和优势，强调社区民众的参与、培养民众的能力和提升民众的意识，让农村的民众成为自己生活和发展的主体，这样，农村的发展才有可能变得具有可持续性和以民众为中心。

思考题

- 社会工作理论有哪些取向？
- 农村社会工作有哪些重要的实践理论？
- 这些实践理论如何指导你们工作？

推荐读物

- 何雪松，2007，《社会工作的四个传统哲理基础》，《南京师大学报》（社会科学版）第 2 期。
- Howe, David. 1991. *An Introduction to Social Work Theory*. Burlington: Ashgate.
- 王思斌主编，1999，《社会工作概论》，高等教育出版社。

第三章　农村社会工作研究方法*

作为一门实践性学科，社会工作的研究并非只是为了做研究而研究，为建构理论而建构理论，而是为了实践而研究。这正是社会工作知识的本质，也是社会工作与其他学科相区别之处。一般其他社会科学学科研究的目的主要是描述社会现实或社会现象、理解社会以及解释社会是如何运作的。譬如社会工作研究农村贫困问题，并不是了解了农村贫困现象、解释贫困形成的原因就完成了工作，而是在了解了贫困的根源之后，进一步寻找消除农村贫困的策略和方法。

因此，再强调一次，社会工作的研究跟其他社会科学学科的最大区别是：社会工作研究不仅仅是了解社会事实，更重要的是累积实践性知识，建构社会工作理论，为实践和行动服务。所以每个社会工作研究者（包括学生）都必须思考以下几个根本性和重要的问题：

（1）为什么要做研究？
（2）我们的研究到底为谁而做？
（3）如何达到我们预设的研究目标？
（4）我们建构的知识如何能更好地回应实践和行动的需要？

要回答以上这些根本性问题，我们必须重新审视社会工作研究的历史和主流社会工作研究存在的问题，从而选取一种更加贴近社会工作专业本质的研究范式。[①]

---

* 此章根据古学斌"高级质性研究方法"课件整理而成。
① 关于社会工作本质的讨论，此处极力推荐朱志强 2000 年的文章《社会工作的本质：道德实践与政治实践》，文中充分讨论了社会工作的道德与政治面向。

第一节 社会工作研究的起源

社会工作研究的历史大致可以分为三个阶段，这三个阶段反映了社会工作如何看待理论和知识。我们主要用其背后的知识论观点来划分这三个阶段。

1915年教育学家亚伯拉罕·法斯纳儿（Abraham Flexner）发表了一份专业调查报告，此报告发表之前是社会工作研究的第一阶段。第一阶段，社会工作的知识产生于实务，社会工作的理论建基于比较直观（intuition）的知识。法斯纳儿的报告对于这样的社会工作知识建构提出了严厉的批评。他认为刚萌芽的社会工作专业缺乏客观的知识基础，因而还不能被称作一门严肃的专业。这种观点主要受到当时的现代主义（modernism）哲学思潮的影响，这一思潮认为人类知识应该放弃宗教（基督教）作为哲学理论基础的传统，强调以客观实证科学（positivist science）作为学科建立的根基。这一潮流开始把社会工作研究推向实证主义，致力于将社会工作的知识客观化，[①] 即采用其他社会科学常用的方法，强调用可操作性、可测量性、可操控性、普遍性和代表性的研究方法，来建构社会工作理论（Rodwell, 1998）。此外，社会工作实务理论也被视为一种科学的理论，而实务只是理论的一种应用形式。

然而，实证科学在兴起之初就受到了挑战，Joan Laird（1993）认为，社会工作界当时也有关于知识论观点的论辩。Carl Germaine 在1970年发表"Casework and Science: A Historical Encounter"时，美国的社会工作界就已经出现了社会工作与科学主义（scientism）间的争论，可是，那时社会工作界并未做好面对这一社会工作知识论上的争论的准备。直到20世纪80年代，随着其他专业和学科对实证知识展开讨论和批评，加上后现代主义（postmodernism）思潮对社会科学（包括社会工作）的影响，Roberta Imre 在美国社会工作教育委员会召集举办了一个哲学讨论会，他们开始质疑实证主义倾向的社会工作理论观点，并开始寻找有别于主流实证主义社会工

---

① 当时弗洛伊德精神分析论的提出和 Mary Ellen Richmond（1965）《社会诊断》（Social Diagnosis）一书的发表，推动了社会工作以逻辑实证主义看待社会工作实务理论的趋势。

作的探究方法,因此,社会工作专业开始了第三阶段对知识的探究(Rodwell,1998)。

在这个阶段,一部分社会工作者持续对盛行于社会工作学术圈的工具理性思潮进行批判,认为实证主义倾向的社会工作研究脱离了实务现实,提出应该回到社工实务现实中去理解、探讨和发展社工实务理论的观点。例如,美国的社会工作教育界指出,社会工作专业教育长期依托生产学术知识的大学,不可避免地会受到学术界拥护的实证知识观点影响,只把那些经过客观程序验证而建立的理论称为知识或理论。他们质疑这种由实证知识典范看待社会工作理论与实务关系的方式,认为这种社会工作理论无法完整地描述社会工作者日常实务里的知识。由此,社会工作开始逐渐关注社会工作的实务知识,例如 Roberta Imre(1985)曾引用哲学家 Michael Polanyi 默会知识(tacit knowledge)的概念来描述社会工作实务里一些不能言说的知识(Imre,1985)。M. Pilalis(1986)则从实务/实务者研究的视角出发,认为实证的实务知识观忽略了实务工作者本身由实务实践里归纳获得的理论,而导致不能完全再现产生社会行动和行动理论的情境与意识等主观感受的部分。[①] 但是,虽然一些社会工作研究者越来越倾向于非实证的知识,认为实务并非如工具理性观所强调的是一种应用理论的技术,而是将社工实务看成非技术的,即以艺术性的观点看待社工实务知识,并尝试在实务工作者的实务里探讨社工实务理论,但也仅是注意到实证观点的知识不适合用来探讨社会工作实务的理论,停留在将社会工作实务看作具有知识的性质,而对于什么是适合探讨社会工作实务理论的知识观点,以及在这种知识观点下社会工作实务的具体内容却未曾涉及。

就在社会工作急于寻找适合理解这种隐藏在实务/实践里的知识时,Donald A. Schön 在 1983 年提出反思实务工作者的概念,为社会工作学者提供了一个看似可靠的实务知识的概念,许多社会工作学者和教育者都有所引用,在近年探讨社会工作理论和实务整合,以及社会工作教育领域里也引发了一股强调反思的风气。同时,也有另外一些学者试图从社会工作的人文主义传统里探究社会工作实务理论的内容。社会工作从 20 世纪 80 年代

[①] 20 世纪 80 年代末 90 年代初,在美国社会工作界开始发展的个案研究方法,鼓励实务工作者在机构从事个案研究,一些特定服务类型的相关研究成果即属此类,见 Mary Ellen Kondrat(1999)。

以来对实证的知识观点进行反思的风潮，为社会工作实务理论研究从实证知识观中解脱出来提供了可能的环境，社会工作界也开始逐渐接受以非实证的知识观点看待社会工作理论与实务之间的关系，而不再仅以应用理论的技术看待社会工作实务，并且承认实务实践里蕴藏着实务理论，这个趋势让社会工作实务理论的探究工作有了新的可能。在社会工作实务理论发展的第三阶段，Donald A. Schön 在行动中反思社会工作和人文主义传统的社会工作实务强调道德实践的观点，越来越被社工学者当作取代实证社会工作实务知识论的不同观点。

正是在反思批判的脉络下才能真正理解社会工作方法。下一章还会进一步介绍为何要推动行动取向或实务取向的研究范式来进行社会工作研究。

第二节 走出主流社会科学研究范式

社会工作经历了之前三个阶段的发展，虽然许多学者对实证主义传统的社会工作研究有所挑战，但不可否认的一个事实是，实证研究依然是社会科学的主流范式，主导着社会工作知识建构的方向。

然而，作为一本"另类"的农村社会工作教材，我们不必固守"主流"，人云亦云，而是需要清晰地让读者知道：为何我们对主流的社会工作研究范式不满？为何我们要走出主流？为何我们要强调参与式研究范式？为何我们要借鉴人类学的民族志田野调查方法？这也是国际社会工作团体近年提倡的：社会工作需要基于社会工作、社会学、人类学和本土化知识的理论基础，目标是使人们致力于直面生活的挑战，提升生活的幸福感。所以在研究方法上没有所谓的社会工作唯我独尊的研究方法，而是开放多元的。

一 实证主义研究的主要特征

主流社会工作研究背后是实证主义范式，实证主义的本体论（ontology）和认识论（epistemology）是一种朴素的现实主义（realism）。在本体论上，实证主义者是相信客观存在的事实，也就是说，现实是"真实的"，可以被理解和完全再现的（total representation）；在认识论上，其持二元对立的客观主义观点，认为主体和客体可以分开，也就是研究者和被研究者是可以分开的。

在方法上，实证研究将自然科学的研究方法看成社会科学研究的典范，觉得自然科学研究的是科学的、客观的，其判断知识真假是通过一套严谨的研究手段和过程来完成的，即：使用问卷调查、实验、客观观察等方法对客观事物或现象进行研究，必然能保证所获得的知识是真实可靠的。

按照美国加州大学伯克利分校社会学教授 Michael Buroway（1998）的说法，实证研究过程必然是可操作性的，通常采用问卷调查的方法对假设进行验证；采用中立的研究语言和标准化的资料收集程序。实证主义的研究过程中有几点要重点强调：客观性（objectivity = against reactivity）、重复性（replicability）、因果性（causality）、代表性（representativeness）、可靠性（reliability）。

• 客观性：强调研究者（观察者）和被研究者（被观察者）保持一定距离，这样可以确保研究者不影响被研究者的态度和立场。

• 重复性：强调研究的工具在不同的情境和脉络里是可以被重复使用的，而且得出的结果也是一致的。

• 因果性：通过统计学的路径分析（path analysis）和回归分析（regression analysis）技术，系统地找到变项与变项之间的因果关系。

• 代表性：强调研究的代表性，相信通过科学的研究方法可以归纳出普遍性规则，那就是"真理"。

• 可靠性：研究的结果是可靠的。要使研究结果可靠，研究者必须有系统地选择样本，使研究的过程标准化。

实证研究方法基本上是一种统计学的逻辑，其研究术语包括：总人口（population）、参数（parameter）、问卷调查、统计、样本、抽样、价值中立、假设（hypothesis）、概率（probability）、显著性水平（significance level）、变项、代表性、归纳（generalization）。其最关心的是证实或证伪现有的理论。其主要的研究步骤包括：设定假设，抽样，确定显著性水平和置信区间，收集资料，统计，验证假设，归纳结论。

二 实证研究的问题与社会工作研究的困境

实证研究强调严守客观的原则，美国加州大学伯克利分校社会学教授 Michael Buroway（1998）在一篇很经典的文章中指出，没有任何一种社会科学的研究方法（包括定量研究方法）可以达到实证研究所宣传的客观。然而实证研究是否能真正达到研究者自己所设立的客观标准？

实证研究在研究设计上极力强调研究者与被研究者保持距离、避免对研究的情境和被研究者产生影响、坚持标准化的资料收集过程以及确定样本的代表性等。但 Buroway（1998）质疑，即便是实证研究者也无法完全遵循实证科学的原则。道理很简单，我们研究的是人类社会，我们无法逃脱如 Buroway（1998）所说的四种效应：

- 访谈效应（interview effects）：在访谈（包括问卷访谈）的过程中，研究者与被研究者是不能被割裂的，不管你保持怎样的距离，你的主体位置（包括你的性别、年龄、外表、种族等）或者访问的时间、空间都会无可避免地对被研究者产生一些影响。
- 回应效应（respondent effects）：我们提出的问题，不管如何想尽办法力图精准，但总是有一些模糊歧义的地方；而且由于我们与被研究者生活在不同的世界，对事物难免有不同的理解。
- 田野效应（field effects）：任何访谈都无法逃脱研究者所处的政治、社会和经济脉络的影响。
- 情境效应（situation effects）：我们的观点和知识并非内置于身体，而是在特定的社会情境中形成的，要做到所谓的代表性抽样是有困难的。因为每个个体都是不断变化的，他们的观点也是情境性的。

所以，这种侧重从外部理解被研究者的实证研究方法阻碍了我们深入地理解生活世界，因为调查问卷的设计都极力避免影响我们研究的情境。然而，问题是：研究者和被研究者是不能被割裂的；研究者是深嵌（embedded）在社会关系里面的；没有一个人的行为和事件的发生是没有脉络情境的。因此，我们对实证主义传统的社会工作研究有如下批评。

因为是从外部理解被访者，所以很难甚至无法理解他们的行动意义——这一点很容易理解，人与人之间如果不建立深厚的感情和亲密关系，怎么可能理解彼此呢？就像我们跟自己的家人、配偶和朋友一样，如果没有交流和互动，何来理解？

主流研究是非民主（undemocratic）的研究方法，因为从研究设计、研究过程到书写的整个过程，被访者都是被动的，所以研究者很容易将自己的意愿强加于被访者，例如问卷的问题、答案等都已经设计好了，很多时候被访者都是被动地按题选择答案，就算他们不完全理解问题和答案。他们最多能做的就是消极抵抗，即胡乱地填写答案甚至不作答。

问卷调查的数据通常是肤浅和表面的，通过统计数据计算所得的变项间的因果关系也是武断和人工化的，统计学上能够成立的关系，在现实中并不一定是那样的关系。更重要的是，这些发现对于被研究者来说是毫无意义的。

在主流实证研究中，研究者的主体位置（subject position），譬如你的性别、阶层、种族、年龄、族群等，常常被忽略或隐而不见。研究者天真地以为看到的、听到的、拿到的资料都是客观真实的，与自身无关。其实这种认知是有问题的，当他与被访者接触时，无论研究者选择什么角色，不管他如何与被访者保持距离，其外表、言行、举止等都会影响被访者的反应/回应。研究者进入研究现场，这个生活世界必有所变化，因为原来没有你的生活世界多了你这个元素；另外，在地民众对于研究者的出现的反应也必会改变他们原先所处的处境。所以我们要清醒地知道，研究者自身也是这个世界的一部分，他们的知识活动也必对这世界产生影响。

此外，受到后现代主义的挑战，实证主义研究的信念也需要被反思。一方面，后现代主义不相信有唯一的真理，我们可以找不到"放之四海而皆准"的理论或结论，而是强调差异是我们必须尊重和看见的，所以解释差异和回应不同群体的需要是我们必须重视的；另一方面，后现代主义也不相信实证主义宣称的真实再现（true representation），而是认为研究是一种集体建构的过程。研究者进入研究现场后与被研究者的互动基本上就是一个互相诠释的过程。是故，研究的过程不可避免地受到我们（诠释者）的偏执和先前理解的影响。文本的书写不再被看成社会真实和意义的再现，任何文本的出现都在某种程度上反映了研究者的社会和历史位置。

实证主义研究的另一个盲点就是对"权力"的忽视。正如福柯（Foucault）所言，不同的"统治真理"（regimes of truth）有不同的历史脉络，反映的是当下权力和抗争的结果。在社会工作研究中所谓的真理皆是当下权力运作的结果。这一论点基本上印证了自然科学家库恩（Thomas Kuhn）的看法。库恩在《科学革命》一书中指出，就算是自然科学，全部的知识也都被当下的范式前设（paradigmatic presuppositions）所影响。而每个时代范式的出现也是权力斗争的结果。

所以，我们必须敏感于研究过程/田野中的政治，研究和书写本身也不是简单地反映这个世界，它更加可以给这个世界带来改变。在这里有几个问题可以帮助社工在做研究时更加具有反思性：

- 你的主体位置是什么？
- 主体位置如何影响你的研究工作？
- 你与被研究者的关系是什么？
- 你是带着一套什么样的范式前设做研究的？
- 你如何影响研究的过程和结果？

在这一部分，我们可以看到实证主义研究跟社会工作专业存在哪些冲突。也许你还不清楚社会工作的一些基本价值，但是，笔者希望本书的读者能停下来想一想或查查资料：社会工作的价值是什么？社会工作研究为何要关心价值观？我们的研究行动是否与专业价值伦理相匹配？

社会工作价值观是社会工作实践的灵魂，是社会工作者的精神动力。作为一种专业价值观，它的基础包括社会主流价值和社会工作专业的独特追求。一般而言，社会工作价值观，是指一整套用以支撑社会工作者进行专业实践的哲学信念，它以人道主义为基础，充分体现了热爱人类、服务人类、促进公平、维护正义和改善人与社会环境关系的理想追求，激励和指导着社会工作者的具体工作。就像国际社会工作者联合会（International Federation of Social Workers）在世界社会工作日的宣言中所说："社会工作的议题是社会工作者如何让全世界人们的生活发生改变，生活质量得到改善。世界社会工作日就是让我们纪念社工在捍卫人权时做出的贡献。在当今世界的各个角落，我们还看到许多人被伤害、虐待和忽视，他们的公民、政治、经济、文化和社会权利正在被侵犯。社会工作者每天的责任就是要帮助他们面对这样的处境，帮助他们过上更好的生活，寻找方法保护他们该得的权利。"

同样，国际社会工作学院联盟（International Association of Schools of Social Work）对社会工作的定义同样清楚地表达了这个专业的特性："社会工作专业倡导社会变革、促进有关人类关系的问题解决并推动人们的增权和解放以增进福祉……人权和社会正义的原则是社会工作的基础……社会工作源自人道和民主的理念，其价值观立足于对所有人的平等、价值和尊严的尊重。自从一个多世纪以前诞生以来，社会工作一直关注满足人类需要及发展人类潜能。人权与社会正义是社会工作行动的动力与依据。社会工作与弱势人群团结一致，力求缓解贫困以及解放易受伤害的与被压迫的人，以提升社会的包容性。社会工作的价值观体现在全国性与国际性的专业伦理守则中。"

2014年在墨尔本召开的世界社会工作、教育与社会发展联合大会，再一次定义了社会工作的内涵："社会工作是以实践为基础的专业，是促进社会改变和发展、增强社会凝聚力、赋权并解放人类的一门学科。社会工作的核心准则是追求社会正义、人权、集体责任和尊重多样性。基于社会工作、社会学、人类学和本土化知识的理论基础，社会工作使人们致力于直面生活的挑战，提升生活的幸福感。"

很多时候，我们把研究跟我们的专业实践分开，很少考虑我们的研究是否跟我们的价值观冲突。这种割裂，使得我们在研究过程中不知不觉地做出很多违反专业原则的事。我们需要时刻反省自己所从事的学术活动是否违背社会工作专业精神。如果我们所采用的研究方法是非民主的、粗暴的，无法贴近民众的生活世界，那么我们必须摒弃它而另辟路径。

第三节 参与式研究方法与农村社会工作研究的转向

如果传统的社会科学实证研究与社会工作的价值有所冲突，以至于生产的知识无法满足实务的需要，无法服务于在地的民众，那么我们必须推动社会工作研究特别是农村社会工作研究转向。

农村社会工作研究与一般的社会工作研究虽然有许多共通之处，但由于农村是一个特殊的社会场域，有其特殊的社会和文化脉络，特别是在中国的农村，它的复杂性超出我们的想象。你觉得中国农村有何特点呢？农村社会工作的研究会面对怎样特殊的处境？也许你会想到以下几个方面：

- 在中国有很多少数民族村落，主要分布在西南和西北地区；
- 农村的受教育水平普遍比较低，很多人不识字，特别是老人与妇女；
- 农村人不太习惯与外来人沟通交流。

还有其他的吗？也许需要留在日后，等你自己真正进入农村社区的时候去一一体味。

中国农村还有很多特殊性，但以上三条已经足够我们去反省主流研究的方法。社会工作研究的终极关怀是了解农村社区民众的问题和需求，只有如此，才能更好地、有效地制订介入方案以协助他们解决这些问题。所以农村社会工作研究的第一步必须了解农村社区，明白民众的所思所想，了解当下农村社区问题形成的原因（结构性因素），用专业的术语来说就是需求评估。

什么样的方法才能让我们更好地进入农村社区？如何更好地贴近民众的生活？想一想，当进入中国农村的时候，你会怎样去做评估呢？

一 流行的农村社区调查方法

正如前面所言，社会工作研究与其他社会科学研究的本质区别在于不是满足于发现问题，而是为了解决问题。所以社会学或人类学中的乡村研究与农村社会工作研究还是有区别的。农村社会工作研究除了包含一般性乡村研究的方法之外，更重要的内容是评估农村的状况，从而为农村社会工作介入提供准确的信息，为项目的确立提供证据。然而，采取何种方法评估农民的需求，这与我们的问题假设和理论取向密切相关。以我们的经验，大部分农村社会工作者一般采用农村参与式评估（Participatory Rural Appraisal，PRA）方法来调查了解农村社区的基本需要。

（一）从 RRA 到 PRA

农村参与式评估，是在农村社会工作项目设计、实施、评估中常用的一种农村调查研究方法。这种方法是在泰国研究人员首先提出并实践的快速农村评估（Rapid Rural Appraisal，RRA）方法的基础上，由国际咨询专家根据在肯尼亚和印度的工作实践于 20 世纪 80 年代末 90 年代初发展起来的。

早期的参与式研究方法并没有突破实证主义的局限，这些研究方法包括快速流行病评估（Rapid Epidemiological Assessment）、快速民族志评估（Rapid Ethnographic Assessment）以及快速评估程序（Rapid Assessment Procedures，RAP）等。这些方法与 RRA 方法一样，强调快速，但是缺少真正的实践参与式的理念。正如 Cornwall 和 Jewkes（1995）所言，这些方法只是把在地民众当成信息提供者（informants），并没有真正挑战传统研究方法里存在的权力关系。在整个研究过程中，在地民众只是协助者（配角），至于研究什么、怎么研究、研究资料如何分析、研究成果如何使用等都掌控在研究者（专家）手中。因为缺乏对传统研究中权力关系的反思批评，所以研究者很多时候还是采用问卷或一些方便的方法来了解社区和民众的需求。这类快速评估的研究方法受到很多质疑。

PRA 的出现是为了解决 RRA 存在的一些根本性问题。PRA 强调民众的参与，希望评估的结果更贴近民众的需求。很多时候，PRA 是由一个包括地方人员在内的多学科小组采用一系列参与式工作技术和技能来了解农村生活、农村社会经济活动、环境及其他信息资料，了解农业、农村及社区发展问题与机会的一种系统的、半结构式的调查研究方法。其最突出的特点是工作的全过程都强调农民的参与，从而使结果更具可操作性，易于被农民接受。在农村项目中，PRA 主要用于编制和制订社区发展计划，进行社区发展决策。主要内容包括需求评估、可行性研究、确定项目活动及其优先顺序、项目的监测和评估等。

（二）PRA 工作的要点和核心内容

PRA 源于"参与发展理论"，强调来自农民、依靠农民、与农民一道学习、了解农村、实现农村可持续发展，真正做到"从群众中来，到群众中去"。农村的可持续发展实质上是社会在进步方向上的变革。在参与式发展中，我们强调农民是农村社会的主体，只有农村社会的主体——农民——充分行使自我管理、自我决策的权力，并组织起来，形成一致行动，即形成以农民为主体的参与发展机制，才可能实现这种进步。

因此，PRA 要求社会工作者真诚和广泛地听取农民的意见；在工作中尊重社区成员，对社区成员所知、所说、所为、所示表现出兴趣；耐心听取意见，不鲁莽、不打断对方；多听、少说，忌用自己的观点诱导农民；谦虚，并热情鼓励社区成员表达、交流、分析他们的知识。

首先，在开展工作的过程中 PRA 强调"谁受益"。在任何项目中，"谁受益"都是一个首要问题，它贯穿于所有自然资源管理和开发、社区发展项目的评定。从广义上讲，合理、均衡地分配利益是参与项目的部门和行业合作成功的基础。不同的项目，项目目标和项目资源是不同的，但项目资源能否被目标受益人合理使用并促进自身发展，就成为衡量项目成功与否的关键指标。

基于对"谁受益"问题重要性的共识，在进行投资和实施项目前，各国际机构都会采用科学合理和易于操作的方法来解决"谁受益"的问题：基本上是采用"以目标为导向的项目实施设计法"，即用参与式的方法，分析该项目区域的问题，找出核心问题，从而确定"目标"，并将这些目标作为"项目的产出或成果"，进行优先排序后确定实现项目产出的项目活动，从而确定人、财、物的投入以及各层次目标内容的客观检验指标和重要的前提条件。

其次，PRA 强调科学技术的适用性和"乡土知识"的应用。"乡土知识"是人类长期生产实践的总结，现在仍被许多人认为是"落后"和"愚昧"的东西。现代研究表明，一些农林业、土地管理的"乡土知识"有助于实现土地的持续经营，如"轮作"等。先进技术是否适应当地情况、作为资源开发项目的受益人和实施者的农民是否对项目引进的新技术感兴趣，反映了现代科技与"乡土知识"是否融合。

再次，PRA 强调"三人行，必有我师"。PRA 主张向当地人学习，尊重当地人的知识，外来者不讲课、不指示，只扮演协助者的角色；强调参与、讨论，分享知识和经验，启发和培养当地人的自信和自治意识。农民与周围的山山水水朝夕相处，为了自身的生存和后代的延续，天天琢磨如何利用现有资源和经济发展所提供的机会。在不断的成功和失败中，他们积累了大量的经验，吸取了很多教训。他们了解自己家庭和所在社区的资源状况及存在的问题，能切身体会发展所面临的制约因素，最关心如何解决这些问题和有效挖掘现有资源的潜力。有些机构和技术人员认为农民是愚昧的，农民缺少文化知识，把许多技术推广的失败和项目未能达到预期目标的原因归咎于农民。事实上，这是一种推卸责任的做法。发展工作者与农民应该互相学习，共同进步。

最后，PRA 强调"从群众中来，到群众中去"。参与式研究方法要实现的就是"从群众中来，到群众中去"。参与是一个实践性和循环往复的过程，决策采用"自下而上"的方法，将做决策的权力交还给社区群众，同时明确他们为落实这些项目应承担的义务和责任。

居住在社区中的人，有男有女，有穷有富，他们可能有不同的动力，而一个项目对社区人群的利益分配往往不一致。在项目实施过程中，对社区中不同的人员要采用不同的实现参与的形式。参与意味着不同的事情对应不同的人，重要的是找出有效的参与方法。

PRA 是一个赋权的过程，提倡把本来就应该属于农民的权力交还给他们。农民参与项目设立与实施的所有阶段,即从计划、实施到管理,并一道评估自然资源管理和社区发展项目的可能影响。这一过程是"自立自主"的发展过程。

以上这些原则非常符合社会工作的价值理念,即将农村社区民众重新放到项目的核心,也就是社会工作常说的"案主自决"或"民众中心"(people-centered)。

(三) PRA 需要收集的资料

在进行农村项目规划时,PRA 需要以客观资料作为决策依据。所需收集的资料可概括为一切关于社区的社会、经济活动及自然资源条件的资料。按资料的来源可分为二手资料和一手资料(直接资料)。其中二手资料,是通过对现有存档、记录在案的资料的查阅和收集。资料主要源于项目区当地的统计资料,项目单位的报表、报告,等等。

一手资料(直接资料),通常是采用 PRA 的一些工具和方法〔直接观察法、半结构式访谈、参与式绘图(如资源图、社区分布图、贫富分级图、农事历、每日活动安排图)〕与农民直接接触来获得。

常用的农村参与式评估工具包括如下几种。

(1) 社区行(Community or Transect Walk)。社区行是在社区人员的指引下,对社区进行沿线走访,对社区生活的各个方面进行直接观察、总结和归纳,比较不同区域的主要特征、资源来源情况和存在的问题。采用这种方法可以帮助社会工作者更好地了解社区生活的实际情况,经济、文化和社会状况,了解社区内人、资产和资源之间的关系,讨论所建议的项目活动对环境的潜在后果;等等。工作时,所选地区必须覆盖主要的生态区和生产区,并能够反映村庄的地形、资源和社会经济变化等方面的多样性。沿线走访时,在每个点都要停留并对居民进行非正式访谈,最后绘制样条图。

(2) 社区分布图(Social and Resource Mapping)。社区分布图要绘出社区的外围边界;社区的地形特点,如河流、小溪、山脉、公园;标示各种服务设施,如学校、医院、商店和市场、供水点;标示农业用地、林地或牧地等;以及社区的社会、生态和经济环境。这项工作要在项目规划的初始阶段完成。

(3) 大事表(Time Line)。大事表展现了在村民个人生活和社区生活中有较大影响的事件,是一部乡村史,能够用来分析某一特别事件或一系列事件对整个社区发展的影响。采用这种方法不仅能够使社会工作者很好地了解一个社区的历史，而且可以分析该地区多年来变化的因果关系以及讨论未来几年社区的发展方向。大事表可以由个人或集体来做。

（4）农事历（Seasonal Calendar）。农事历是在一张很普通的时间表里反映大量资料的图表，用以明确一般情况下社区中的一系列活动，如粮食供需情况、劳动分工、种植模式、食物结构、劳动力分配、粮食储存等，从而了解影响农业生产和人们生活的主要因素。

（5）每日活动安排图（Daily Schedule）。绘制每日活动安排图可以了解多个个体或群体活动的细节在特定时间内的变化情况、对活动的看法以及每日如何运用时间，从而确定项目的活动时间安排。采用这种方法常常会发现不同的家庭和个人劳动量的分配。每日活动安排图可以由个人来做，也可以由相同背景（如来自相同社会经济状况小组的妇女）的一组人来做，但每人或每个小组做出的图应该包括 24 个时段，代表一整天的时间，并且对一天中最重要的活动标注重点符号。

（6）贫富分级图（Wealth Ranking）。贫富分级图是为了评价当地居民的生活水平，了解社区对贫富指标的认识，把每个农户分级归纳到不同的贫富区间内，分析产生不同贫富层次的原因。

（7）排序（Rating）表。排序是把一些因素在重要性、价值、位置及其他方面进行相对比较并进行排序，从而确定优先发展的顺序并了解形成此优先顺序的原因，讨论其随时间变化的情况。

表 3-1　某村存在问题排序表

分项	最重要		第二重要		第三重要		不重要		得分	排序
	男	女	男	女	男	女	男	女		
资金										
技术										
信息										
交通										
人才										
加工										
素质										

（8）资源评估表（Access to and Control of Resources/Assets）。资源评估表是使用矩阵图评估分性别的社区成员对资源的使用和控制情况。

表3-2 资源评估表

	数量			质量			配置			说明
	现在	未来	差距	现在	未来	差距	现在	未来	差距	
财力资源										
物力资源										
技术资源										
市场资源										
环境资源										
文化资源										
人力资源										

也有NGO在做培训的时候让参与者用图来表达。像我们在四川灾区的某个村子做资产评估的时候，就用图来概括村子里的一些资源，从而更加形象地让我们对在地社区有一个整体的印象（见图3-1）。

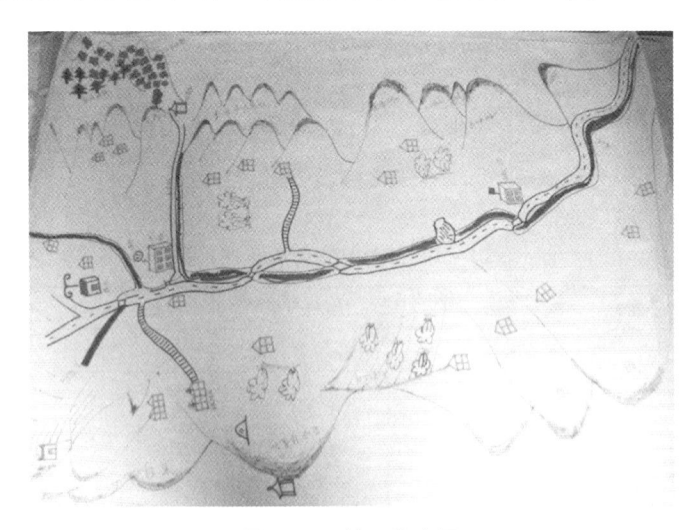

图3-1 社区资产图

（9）问题和解决方法（Problems and Solutions）。此方法是通过列举一系列可能存在的问题和解决的办法来展开讨论，并提出和讨论社区内存在的具体问题。下面的案例就是我们在农村参与式评估后，跟村民一起发现当地一个习俗——"孝布",在分析其如何对妇女造成沉重负担之后,一起想办法改变了这一习俗。

案例1

我们在农村也曾利用每日活动安排图和农事历评估村民的需求。在云南的农村实践基地,我们进村不久后就感到村里的妇女很辛苦,但妇女的劳动负担究竟有多重,必须借助一些方法进行测评。我们曾动员村里的妇女开会,采用PRA方法评估妇女的需求。具体做法是:我们和妇女一起画出一天的农事图或写出一天的农事活动,即用日月表示每个时刻,然后让她们在时刻上画图或写出那时在干什么。我们发现她们一天的作息和农事活动如下:早上6:00起床后做饭、找猪草、剁猪草、煮猪食;9:00吃完早饭后喂猪;10:00下地干农活;下午3:00在田间吃晌午饭,继续干活;晚6:00回家;晚6:30做饭、喂猪;晚7:30吃饭、织布、带孩子或照顾老人等;晚11:00睡觉。妇女们还列出包括煮饭、剁猪草、煮猪食、喂猪、洗衣、织布、绣花、挖地、砍柴、犁地、蓐秧、插秧、放牛、割谷子、做家务、照顾老人和孩子、砖厂打工等近二十项劳动负担。当我们让妇女列举出一生的重大事情时,她们依序排列出孝顺父母、抚养儿女、供孩子读书等。对中年妇女而言,织布和喂猪是她们沉重的劳动负担。就织布而言,从纺线到织成衣物要耗费大半辈子心血,她们一般在做姑娘时就要花很多时间做出几十套衣服,待出嫁后穿,养猪则需要妇女每天花费很多时间找猪草、煮猪食和喂猪,因为猪草和柴火都要到很远的地方才能找到。基于这样的PRA需求评估,为了减轻妇女的负担,在以后的介入中我们努力发育妇女小组,推动村民改用沼气;我们还成功地利用老人的葬礼,推动"孝布改革"计划,倡导"减少一尺孝布,增加一份孝心"的尊老敬老活动;等等。

农村参与式评估方法是近期农村社会工作研究重要的方法,被发展NGO大量使用。在理念和手法上,PRA方法的确有很大的进步,但是如前所述,PRA方法虽然体现出主体的参与性,但因其假设及PRA强调快速评估等,使得评估的主动权始终被操控在社会工作者手中,主体的参与面和参与度还是有限的。PRA被诟病的地方除了主动权被操控在外来社会工作

者手中之外，以上所介绍的方法在中国许多农村也显得有点格格不入，特别是在少数民族社区，这也就是我们所说的文化水土不服（cultural acclimatized）。此外，时间是研究中一个非常重要的维度。道理很简单，我们要认识一个人、一个群体、一个社区，如果没有一段较长的时间浸泡于其中，对其了解就只能流于表面。

二　口述历史作为一种另类农村社会工作调查方法

口述历史作为一种农村参与式评估及社区组织的方法，具有不同于PRA方法的诸多特色。

首先，口述历史为我们提供了另类的历史观——一种重新肯定个人作为历史主体的历史观。透过聆听个人讲述他们自己的故事，我们可以听到大历史以外的多种声音。在社会上，弱势群体（包括妇女、老人、孩子等）的声音往往被忽视，她们的历史不是她们自己所写，而是别人为他们书写。透过口述历史可以呈现那些与个人经验有关但是却被忽略的生活经验；透过口述故事的累积，我们可以了解当地多元的民众生活经验；通过当地民众的一些共同经验，可以对地方社区的过去有更深刻的了解。虽然口述历史强调个人经验和差异性，但个人的经验并非完全游离于时间和空间之外，个人与他人都有重合（overlap）的时间与共享的历史。因此，个人的生命历程可以反映其所处时代发生的事情。从不同的故事中，我们可以了解个人与历史之间错综复杂的关系，即历史如何影响个人的生命历程，而个人又如何回应历史的变迁、如何与历史角力（negotiate），从而创造自己的生活空间。

口述历史的方法比较民主，因为它强调讲故事者的经验和知识，而不是听故事者的知识。此方法使聆听者比较容易了解和感受讲故事者的生活经验和喜怒哀乐；而开放式的口述历史方法容许讲故事者轻松地讲述他想要讲的一切，从而得到意想不到的结果。因此，不同于PRA方法，借助口述历史方法，不仅能够重建社区民众的历史自觉，还可以聆听那些无法参与到社区中的人们（受文化水平限制的人或被歧视及行动不方便的人）各种被隐藏的声音和被忽视的需求。

其次，此方法能够将收集口述故事变成参与式社区发展过程。口述历史行动不仅能够最大限度地动员社区、发育组织，而且口述故事本身对当事人也具有治疗的效果。将收集口述故事作为一个由头,将社区民众动员起来,成立口述历史小组,"大家一起写村史",增强社区的凝聚力,使讲故事者和聆听者被赋权/增能。与此同时,口述故事讲述也是一个治疗的过程,当讲故事者敞开心扉述说自己生命中的不幸或"辉煌"经历时,他们也是在重整自己的生活。

下面笔者以香港理工大学和北京大学合办的第一届社会工作硕士(中国)课程实习生的经历(2001年暑期)为例,详细阐述这次实习是如何透过口述故事的收集,既评估了村民的需求,又将口述历史做成社区动员和组织发育的过程(见案例2)。

案例 2

我们在云南农村实习的时候,刚进村时,实习生并没有选择口述历史方法,而是采用"社区行"(社区观察和简单访谈)方法,遍访村寨、建立关系,与村民"混个脸熟"。最开始的两个星期他们跑遍了8个寨子,对社区的自然条件和村民的生活状况有了大概的认识。但由于语言不通和实习生的外来者身份,他们很难融入当地村民的日常生活,无法了解村民的生老病死和日常作息情况,更不明白社会变迁带给他们的生活压力,自然无法了解他们的深层次需求。在督导的指导下,经过多次讨论,大家决定运用口述历史的方法融入社区,建立信任关系,深入评估村民的需求。

从第三周开始,实习生以"讲故事"为缘由动员了30多个村民参与口述历史收集工作。实习生和村民以自然村为单位组成了五个口述历史小组,经过访谈技巧和录音机使用方法的简单培训,大家一起奔赴各村开展工作。接下来发生了许多意想不到的事情:首先,一些象征权力的条件(他们手持采访机决定访问谁,如何访问;他们担任小组组长;等等)一旦被村民掌握,他们的主动性就会变得很强,村民非常娴熟地走家串户,用流利的壮语对老人、妇女和孩子进行访谈,并主动将访谈录音整理成汉语书面材料。访谈中,当妇女和老人讲到动情处时,听故事的村民也会跟着激动起来。实习生第一次感到自己很无能,因为一旦离开了村民的帮助,竟然连话也听不懂,只有看过村民转录的汉语书面材料时,才明白老人和妇女讲了些什么。这样的口述历史访谈不仅使妇女、老人和孩子充分表达自己的利益诉求，而且使实习生接受了一次深刻的主体意识教育。有实习生说："原来我们是计划的主体，做什么、怎么做都是我们说了算。而在口述历史行动中，村民成为主体，因为只有他们才懂得应该访问谁，如何访问，被访者说的是什么意思，等等，我第一次感受到村民作为主体的价值。"

其次，不同的口述历史小组在工作过程中变成了学习小组和兴趣小组，为项目的可持续发展奠定了组织基础。刚开始村民并不理解什么是小组动力，但他们懂得团结就是力量，在一起访谈、一起整理录音、一起讨论的过程中，村民也在小组里发表意见，实习生与村民开始互相学习。口述历史作为一种工具，让更多的村民与实习生走到了一起，慢慢地发育出妇女、老年人、青年人、儿童等七个兴趣小组，项目的后续工作就是以这些小组为基础来推动的。

最后，口述历史使许多老人、妇女、儿童第一次发出了声音。当村民与实习生第一次仔细聆听他们的声音时，当他们的声音被放大时，讲述故事的人和聆听故事的人都被增能和教育。

总之，正如实习生所说："口述历史的过程是一个行动研究的过程，是一个能力建设的过程，是一个参与的过程，是一个社区发动的过程，是一个社区领袖人物产生的过程，是一个社区组织催化的过程，也是一个融入社区并与村民建立合作伙伴关系的过程。"

三　参与式范式中的反身性

参与式范式中有一个非常重要的部分，那就是强调研究中的反身性（reflexivity），即消解研究者（主体）和被研究者（客体）的界线，把研究者带到研究的过程中来，将自我视为一个客观的旁观者，观察研究过程中的自我如何与在地民众互动，如何一起建构研究的结果。要把自我客体化，就必须具备自己与田野对话、自我观照和对话的能力。所以，当我们不断强调社会工作者与村民同行，从参与需求评估到共同制订行动计划再到一起行动（介入）形成合作研究关系时，我们必须看到并反思过程中自我与村民的关系如何建构，村民如何成为行动主体，当中的限制和盲点在哪里，等等。如果参与式研究缺乏反身性，那么我们所谓的"参与"很容易成为口号，流于表面。下面我们基于在贵州做的口述历史研究，从反身性的角度，看见研究者与村民的关系，总结参与式研究的一些局限和困境。

（1）口述历史方法成功与否取决于能否调动民众参与，而民众的参与度又与农村社会工作者跟社区民众关系的深浅有关。因此，农村社会工作者必须跟民众建立信任关系，才可能推动口述历史工作，尽管从时间上看，这是相对耗时的。另外，口述历史方法的难度还在于是否能使民众理解和明白这种方法的意义和重要性，积极主动地成为口述历史的参与者。

（2）口述历史虽然强调社区民众在口述历史中的参与，但不可否认的是，很多时候口述历史资料的收集是在外来者的推动下完成的。虽然农村社会工作者试图建立开放的空间让社区民众参与决定整个口述历史资料的收集过程，但是大部分口述历史受外来者设定的日程和工作大纲限制，整个过程被外来者主导。另外，如何让社区民众发声，他们所说的观点是否真的就是他们自己的观点，如何解读民众的声音和理解主流意识形态对在地民众的影响，等等，其实是很难拿捏的。

（3）农村社会工作者很多时候不懂当地语言，这限制了农村社会工作者对合作对象的选择，使得那些没有受过正规教育和不懂汉语的当地民众无法直接参与到口述历史研究中来，从而湮没了这些人的声音，使他们成为失声的另一群。

（4）在口述历史的书写和制作方面，农村社会工作者与在地民众依然存在不平等的权力关系。我们虽然强调让民众透过口述历史发声，但他们的口述故事依然由外来者再现（representation）。其实每一个故事的再现，都是经过筛选、剪裁和概括的。文字是民众发声的工具，但是通过文字发声是否又必须面对书写政治的问题呢？这也是推动口述历史研究的农村社会工作者需要面对的困境。

第四节 民族志田野方法与农村社会工作研究

人类学田野"民族志"（ethnography）一词泛指那些在方法论上采用田野研究方式的社会调查。一般来说，民族志是指研究者通过走入被研究者的日常生活领域进行直接观察，兼与被研究者直接接触和建立密切关系，从而了解当地文化，聆听当地人的声音和生活故事的社会调查。田野调查要求研究者长期与当地人"生活"在一起，通过参与观察、深度访谈等调查技术，深入了解当地人的日常生活及文化脉络。民族志田野工作最主要的目标是理解一个特定社会里的社会群体及其社会行为，尝试理解当地人的世界观，发现他们的经验，理解其生活背后的意义，而非去归纳或寻找一些普遍的规则。民族志田野方法是人类学的看家本领，也是每个人类学者的成人礼。其中一个重要的特点就是"以身为度"——把自己作为一个研究工具、在行动里认知的主体。作为维持一门学科（特别是研究异文化社会/社群的学科）合法性的方法，它的存在一定有它的独特之处。[①] 在详细了解民族志田野方法之前，请读者先思考以下两个问题：你认为人类学的这种方法有何独特之处？它跟农村社会工作的结合点在哪里？

一 田野研究的基本步骤

"以身为度"，每个人的身体都是不一样的，每个田野工作者都有自己的背景知识、经验和独特的气质。故笔者认为田野研究并没有所谓的固定步骤和法则，一切步骤都只能作为参考，一切都需要自己在田野中摸索、体味和操练。这一点跟社会工作的实践很像，实务的技巧很难教懂，靠的是自己不断操练总结。在此，笔者将田野研究的步骤归纳如下。

（1）进入田野之前，寻找相关的文献，知道别人对此类议题和研究对象的看法。

（2）如果有可能，对田野进行事先考察，进行初步的试探性研究，看看研究的可行性，包括田野是否可以待下来、是否适合开展自己的研究。

（3）正式进入之后，首先要做的不是急于搜集资料，而是建立研究网络关系，比如寻找重要的知情者，同时建立正式和非正式的田野关系。

（4）被接纳之后，研究者需要在田野长期或短期地待着。时间的长短会影响资料的厚度和深度。在田野生活的那段时间里，主要做以下几件事：①参与式观察，参与当地人的活动、观察与聆听（有时会用相机或录像机）。②深入访谈，可以找特定的对象进行访谈（有时会用录音机），或记录每天的交谈，这种交谈是非结构性的、情境化的、富有弹性的、互动的、

[①] 受后现代思潮的影响，人类学民族志田野方法的权威和合法性备受挑战。读者可以参阅古学斌、张少强（2006）。

持续的。③坚持写田野日志，每天写日记，记录你所看到的、听到的和问到的。建议尽快写下你的田野日志，不要高估你的记忆力，也许你不知道这些材料对你意味着什么、有什么用，但是根据个人的经验，到书写的时候你就会发现这些材料的重要性。④除了观察和访谈的材料外，我们也可以查阅当地的档案、拍照，等等。这些活动不是割裂的，而是相互关联的。⑤修改补充你的日志和转录录音；然后分析你的各种资料，包括事件、对话、每天的实践运作、仪式、典礼等，尝试理解并诠释你的观察和被访者的行为模式，寻找其背后的意义。

（5）书写研究报告，这个部分是艰难而漫长的。其中，熟悉自己的田野材料、弄清自己的研究问题、明确对话的理论，这三方面是非常重要的。这部分恐怕无法教，建议多读一些田野研究的经典著作。

二 进入田野之前的准备

上述田野研究的方法和步骤对农村社会工作者融入社区、与民众友好相处具有很强的借鉴意义。很多时候，人们以为进入农村社区就能立马开展调研工作，其实这种盲动是可怕和危险的。就实际情况而言，中国农村是复杂和多元的，不同地域、不同族群居住的农村可能是完全不同的状况。所以，建议农村社会工作研究者仿效人类学田野工作者，在未进入村庄之前查阅相关文献，了解其他人对这类村落或相关议题的研究成果，做到心中有数；也可以在正式进入村庄前先进村摸底，接触当事人，进行可行性论证，这就是通常说的选点。

选择农村社会工作的地点，首先，类似于田野研究必须满足理论性抽样，社会工作介入点的选择必须符合社会工作者的理论旨趣和价值关怀，例如"贫困"、"农村发展"、"性别与发展"等；其次，从地理和文化的角度看，农村社区应该是完整而丰富的，必须考察其是否能与我们要研究的主题相符；此外，必须得到当地政府和村民的支持，还要交通方便，等等。

三 进入与融入

做农村社会工作研究，进入似乎不是最困难的，待得下去更重要。所以农村社会工作研究必须效法人类学研究进村蹲点，就是长期待在村里，采取参与式观察、深入访谈、交谈等技术，与社区打交道，与农民深度交往，从而制订介入计划并采取行动。

因此要先想想：你是什么性格的人？你平时是如何与人相处的？如何跟别人做朋友？不管你是不是一个擅长交际的人，田野都会是一个让我们学习和成长的地方，包括磨炼我们的脾性、通过跟别人建立关系的过程不断认识自己。以下两点可供农村社会工作研究者在村里蹲点时参考。第一，村民既是农村社会工作的依靠对象，也是工作的目标群体。与村民打交道可以是正式的，也可以是非正式的；可以是一对一的，也可以是集体性的；可以通过聊天、访问、打电话等不同形式进行交流。但是社会工作者首先应该以真诚、热情、尊重的态度与村民相处。其次，还要有足够的耐心与村民同行，直到他们愿意成为我们的伙伴，参与我们的研究活动，成为研究的主体。

总结我们过去在农村做田野的经验，与村民相处的具体方法包括以下几点。

（1）虚己，从头学过。一般我们进入田野都会要求自己摆正态度，把自己当作一个新手（novice），有一颗求知的心。这对于我们这些知识人而言，有时挺难的，因为我们的惯习会让我们觉得自己什么都懂，从而错过更好地去理解村民和社区的机会。

（2）深入田间地头。田间地头是村民最重要的劳动场所，社会工作者可以深入田间地头与村民接触和聊天，甚至与村民同劳动，深入观察和感受村民日常劳作的艰辛和乐趣。实际上，这种方法很有效，同劳动能够加深彼此的理解。

（3）入户探访。这是与村民相处最常见的方法。只有入户，社会工作者才能够深入体察村民的日常生活和作息时间，才能与妇女、老人和儿童亲密接触。而且在餐桌和酒桌上大家能够放松自己，在融洽的氛围中聊天。

（4）拜访社区的关键人物。村干部、经济精英等关键人物是农村社区的资源控制者、信息拥有者和权威人士。社会工作者一定要善于和他们搞好关系，取得关键人物的支持。要知道这些社区关键人物直接影响到农村社会工作在社区的合法性，所以能够与他们建立关系是农村社会工作研究成功的第一步。许多发展计划都可以吸收关键人物加入，但一定要处理好其中的权力关系（控制与反控制等）。

第二，融入社区，这意味着与村民建立信任关系。在这个过程中，当地民众不是被动的行动者，他们会用自己的经验来理解社会工作者的出现和存在，也会对农村社会工作者有期望和要求。很多时候，当地村民对于社会工作者的期望往往与社会工作者的意图和目标有差距，彼此间的关系会出现紧张，社会工作者甚至可能受到言语侮辱和敌视，因此社会工作者需要有一定的心理准备和应对策略。还需要特别强调的是，勿忘农村社会工作研究者自己的主体位置常常形塑着工作关系，不同的性别、年龄、宗教、种族、族群身份等皆会带来不同的田野关系（毕恒达、谢慧娟，2005）。

四 田野资料的收集

（一）参与式观察

参与式观察是田野研究的重要方法，希望研究者能够成为社区的一分子，形成局内人的理解（insider understanding）。要成为局内人，首先应该充分意识到当地人的观点是值得尊重和有价值的，这是减少偏见和加深理解的前提条件。

当我们初入农村社区，想要了解村庄的状况，最常用的方法就是社区行，通过社区行形成对农村社区的概貌性认识，通过"串门口"与村民"混个脸熟"。社区行一般包括两个方面：一是采取参与观察法遍访社区的每一个角落；二是与村民进行一般性交谈。进村后，社会工作者可以走村串寨，深入田间地头、商店庙会等村民聚集的场所，去观察和记录各种常规和突发性事件，比如村民如何种田，男女分工状况如何，他们谈论些什么，突发事件对村民产生怎样的影响，等等。社会工作者近距离观察村民的日常生活并与他们拉家常等，这种真诚地"套近乎"的方法能够迅速拉近双方的关系，消除彼此的距离感，建立互信关系。

参与式观察强调深入村民的生活世界，通过参与当地人的生活和工作，体验和感知当地人的所思所想，理解他们行动背后的意义。所以，社会工作者应尽可能参与村民日常生活中的各项活动。

（二）深度访谈

与一般的聊天不同，深度访谈（In-depth Interview）是社会工作者与村民建立信任关系后深入了解社区，并与农民同行制订行动计划的重要工作方法。深度访谈的前提条件是：与村民建立了亲密的信任关系；对村落文化如权力关系、禁忌习俗等比较熟悉和敏感；社会工作者能够在轻松自如的环境下与村民就某些议题进行深入交谈。一般而言，做深度访谈时，农村社会工作研究者应该注意：

- 提前准备好问题；
- 问题可以是半结构化或结构化的；
- 访谈时，最好穿戴被访者能够接受的衣着；
- 传达出文化上可以接受的表情动作；
- 能够理解不同文化的表达方式，例如时间的概念、语言表达习惯等；
- 必须尊重被访者的主观能动性，相信他们完全有表达意见和经验的自主性；
- 访谈是开放的（open mind），让他们讨论任何好像不相关的话题；
- 社会工作者说得越少越好，只需引导他们充分表达；
- 访谈中有一条主线是最好的，比如连续的年代；
- 简短的问题是好的；
- 问题最好是开放的，避免封闭的、引导性的、自相矛盾、模棱两可的问题（double-barrelled questions）；
- 问题最好是直截了当的、准确的、寻求意见的；
- 访谈时可以快速回应，回应方式包括简短的问题、给例子、讨论、比较、延伸等。

深度访谈的对象应该是村里的知情人，除了头面人物或村庄精英是一般必选的访谈对象外，要尽量选择那些村里容易被忽视的人群，如老人、妇女、儿童等。访谈的议题一般比较宽泛，下列问题是研究农村社区发展时经常涉及的：目前村庄存在哪些亟待解决的问题？这些问题的根源是什么？目前村庄有哪些潜力可以进一步挖掘？如何挖掘？……

下面介绍一些能帮助你与村民深度交谈的方法，仅供参考。

- 说一些他们会感兴趣的事；
- 在屋内找些可以谈论的东西引出话题；
- 发问；
- 用他们能理解的方式和他们沟通；
- 知道何时聆听及何时说话；

- 在同一时间内只说一件事；
- 肯定和表扬他们；
- 让他们知道，他们对你和这个社区都是重要的；
- 让他们的想法涌现；
- 让他们说；
- 感知他们的感受；
- 不要和他们争辩；
- 不要强迫他们用你的方法去思考；
- 聆听多于说话；
- 像你和他商讨一件事一样（平等），而非收集资料式或盘问式提问；
- 不要答应一些你不能兑现的承诺；
- 如果你不知道答案，交回给他们（讨论）或迟些告诉他们（结果）；或者让他们迟些再找你，
- 运用电话做跟进工作；
- 了解自己；
- 忠于自己；
- 知道自己的限制；
- 知道怎样将责任交托出去；
- 安排下次探访时间。

小　结

通过以上介绍，希望读者能够掌握以下几个重点：了解社会工作研究的发展历程和有关争论；了解实证主义研究的问题及其与社会工作价值观的冲突；掌握参与式方法；了解人类学田野调查与农村社会工作研究的关系。

总而言之，当我们从事农村社会工作研究的时候，我们必须认真地思考所采用的研究方法背后的哲学基础，判断它与社会工作价值观是否有根本性的冲突。对我们而言，不管采用哪一种研究方法，都是为了帮助我们融入社区，与村民更好地相处。我们倡导农村社会工作研究者必须放下身段，扎根村庄（蹲点），进入农民的生活世界，与村民同行。在深入了解村

民日常生活的基础上，评估需求，然后共同制订行动计划，一起推动社区变革。因为农村社会工作的研究是为了实务而做研究，在研究的过程中希望看到我们与村民一同成长。

思考题
- 你惯常使用的研究方法是什么？
- 你觉得它的优点是什么？
- 你觉得它背后的理念跟社会工作的核心价值观是否一致？
- 你觉得它能更好地帮助你了解社区民众的需求吗？这种了解够深入吗？
- 你觉得哪种研究方法更适合在农村使用？为什么？

推荐读物
- Burawoy, M. 1998. "The Extended Case Method," *Sociological Theory*, 16: 4–33.
- 陈向明，2000，《质的研究方法与社会科学研究》，教育科学出版社。

第四章　行动研究与农村社会工作的介入*

　　社会工作作为一门助人专业，增能取向的社会工作与医疗型社会工作最大的区别就是强调对服务对象和在地民众的增能（empowerment），增强他们的能力，在过程中强调平等的伙伴关系，目的是使服务对象成为自我发展的主体。

　　行动研究（action research）是一种新兴的研究范式（paradigm），也是一种实践增能之助人工作方法。它集研究、教育和实践于一体。笔者认为这种方法是社会工作最重要的研究方法，因为从它的本体论和认识论的基本主张、研究的目标到研究的手法都与社会工作的内在价值非常贴近。特别是在农村社会工作领域，行动研究能够很好地帮助农村社会工作者认识农村社区，在实践中找研究问题、制订农村社会工作的介入方案、实践行动方案。更重要的是，在实践的过程中不断地反思与农村社区民众的位阶、合作信任关系，在资料分析的过程中持续地反思（reflect），与现有的理论进行对话，建立新的理论和实践模式。

　　在这一章，笔者将详细梳理行动研究出现的背景，它背后的知识论，以及行动研究操作方法和步骤。另外，本章亦采用笔者参与的农村社会工作案例，阐述农村社会工作行动研究的实际过程。通过这一章，希望读者能够基本把握行动研究与农村社会工作的关系，初步掌握如何将行动研究应用于农村社会工作的介入。读者首先需要搞清楚以下三个方面的问题：

＊　这章的部分内容见古学斌（2013），第1~30页。

- 行动研究的背景是什么?
- 行动研究的议题、知识论和操作方法是什么?
- 如何通过了解行动研究反思农村社会工作的理论和实践方法?

第一节 行动研究的背景

行动研究的概念并非今天才有,它的先驱者是勒温(Kurt Lewin, 1890~1947)。勒温是一位社会心理学家,自1944年起才开始使用"行动研究"这个词。在过去六十多年的演变过程中,行动研究的内容和方法有了不少变化,越来越丰富、多元,也越来越被不同的专业(包括教育学、社会工作、医疗与健康科学、心理学)所使用,可以说是一种跨学科、跨领域的研究方法。

行动研究方法在近些年来备受实用取向的学科和关注行动的学者所重视与采用,这跟学术界和实务界对传统上占主流地位的实证研究的不满有关。第一,越来越多的实践者(或称实务工作者)觉得传统的研究与实务脱离,其知识的生产并未有助于实务界的实际工作;第二,政策制定者(policy maker)也发现传统的学术研究脱离现实,未能为政策制定提供实际的建议。因此,学术界内部不少反思的学者开始提倡学术转向,他们致力于寻求与实务联结的研究方法,希望研究能够提出实质性的政策建议,能够为实践和行动带来指导意义,甚至希望我们的知识活动(包括研究本身)能够更好地服务在地社区和民众。

尽管如此,这么多年来,人们在行动研究的定义上还是有一些分歧。有些学者特别关注行动研究的技术层面,有的却看重行动研究背后的价值理念,譬如坚持民众的参与研究及行动过程如何体现背后的价值。根据行动研究开创者之一勒温的理论(Lewin, 1946),行动研究最重要的特征是:行动与研究结合,关注行动过程中什么样的动力(dynamic)和条件带来什么样的结果。Somekh 和 Lewin(2005)后来又对行动研究做了更全面和清晰的总结,认为行动研究有八个重要的原则:

- 行动研究结合了研究和行动;
- 行动研究是研究者(researchers)和参与者(participants)的协同

研究；
- 行动研究必须建构理论知识；
- 行动研究的起点是希望社会变革（social transformation）和致力于社会公平正义（social justice）；
- 行动研究必须有高度的反身性（reflexivity）；
- 行动研究将探索各种各样的实用性（pragmatic）知识；
- 行动研究对于参与者而言将产生有力量的学习（powerful learning）；
- 行动研究必须将知识的探究放置在更宽广的历史、政治和意识形态脉络下。

作为社会工作行动者，笔者更赞同 Reason 和 Bradbury 对行动研究的理解。他们把行动研究界定为一个建构对人类有价值的实用性知识的民主和参与的过程，强调行动研究根植于参与式（participatory）的世界观（worldview），致力将行动和反思、理论与实践结合在民众的参与当中，寻找对满足民众个人和社区需求有用的方案。所以对于他们而言，行动研究不只是研究方法，同时还是通过系统的证据收集和试验，探究如何提升专业介入的质量，从而更好地服务民众的过程（Reason & Bradbury，2005）。

第二节 行动研究的议题和知识论

有别于其他的研究方法，行动研究有它特定的研究议题和研究目标，也秉持不一样的知识论。任何一个从事行动研究的人都需要问以下几个非常重要的问题：

- 我们做研究是为了什么？
- 谁是研究中最大的受益者？
- 什么样的知识才是科学的？
- 价值中立的研究可能吗？
- 什么样的研究伦理是我们应该关注的？
- 我们应该采取什么研究策略？如何决定我们的研究策略？
- 谁是研究主体？研究对象在过程中扮演什么角色？

许多学者或实务界的人员（也包括社会工作者）常常无法摆脱对于传

统研究的想象，也常常用行动-研究二元的思维方式来理解行动研究。于是他们会问：行动研究跟我们在做的实务有何分别？我们的实务算是行动研究吗？笔者的回应是，那要看你是否把行动与研究结合起来，达到"行动与研究"的合二为一。在行动研究中，研究（者）即是实践（者）。台湾学者陶蕃瀛的解释更加清晰，他认为"每一个人都是行动者。每一个行动者都处于某一个社会位置，在该社会位置的角色与情境下行动"。但是，"这并不意味着每一个人都在做行动研究，或者每个人进行的研究都是行动研究。要被归类为行动研究必须是有意识的研究工作，并且是行动者自主的研究。行动研究必然是从行动者真实的社会位置进行观察、搜集资料和分析"（陶蕃瀛，2004：36）。简单地说，行动研究就是行动者对自我，对自己所处之社会位置、情境、社会经济政治的环境结构，对自己在某一社会情境下的行动或实践，以及/或对自己的行动和实践所产生的影响进行的自主研究。笔者身为某国际期刊《行动研究》(Action Research) 的副主编，也常常收到一些文章是研究者研究别人的行动，从观察者和他人的社会位置进行研究，这些研究并不一定是行动研究。但如果研究者对其他行动者或其他行动者的行动进行研究，也可能是行动研究。如果其他行动者不仅仅是被研究的对象，同时还是平等参与研究问题的形成、参与研究资料收集与资料解释的协同研究者，则该研究也可以算是行动研究。[①]

有别于传统社会科学的研究，行动研究有很强的人文关怀。它不只是一个研究者对行动者行动的研究，也不全然作为一种学术探究的研究方法。如台湾学者夏林清所言，它是致力于寻求改变的一种方法（夏林清，1993）。行动研究的目标非常清晰，那就是要通过研究的过程，探索介入和改变的方法，从而改变现有的社会制度和系统，消灭社会压迫、消除社会不平等、促成公平正义的社会理想；要实现这些理想，行动研究的过程更加强调向民众学习、做增权/赋权/培力（empowerment）的工作；在知识生产的层面更是要生产出批判性知识（弗雷勒，2003）。所以，寻求一般人类

[①] 根据陶蕃瀛（2004）的解释，通常这一类的行动研究被称为参与式研究（participatory research）(Park, 1992) 或合作行动研究（collaborative research）(甄晓兰，1995)。此外，行动研究还以许多其他的名称出现，如参与式行动研究（participatory action research）(Whyte, 1991)、社区行动研究（community-based action research）(Stringer, 1999)、实务工作者之研究（practitioner research）(Fuller and Petch, 1995) 等。

行为规律和"放诸四海而皆准"的理论与行动研究的信念是相违背的;特定处境下的知识是行动研究希望得到的(弗雷勒,2003)。

行动研究源于杜威的民主传统,也受法兰克福学派之批判理论的影响。拉美反抗殖民统治的革命运动开创的被压迫者教育学对行动研究也有相当的促进作用。此外,行动研究也受知识建构论和舍恩(Donald Schon)行动科学的冲击和影响。因此,在知识论层面,行动研究的出现旗帜鲜明地挑战和否定实证主义科学的哲学观念,而接受一种后实证(post-positivism)的知识观。主流的实证研究中研究者对知识生产过程进行全程控制,以保证知识生产的客观性。然而,行动研究反对实证研究为了保持客观性,将研究者和被研究者分离、在知识生产主体与客体之间划界线的做法,同时也反对研究者以高高在上的专家身份从事研究工作。它强调民众的参与,强调民众与研究者一同获取和创造知识。行动研究也受后结构主义(post-structuralism)的影响,预设每个行动者都不是被动的客体,而是作为能动的主体,他们不断地影响行动的过程。另外,行动研究挑战象牙塔式的学术研究,相信"在行动中获知/学习"(knowing through doing),而不是在"纯思考中获知"(knowing through thinking),一切只有参与行动之后才能有所了解。另外,行动研究也反对普世性知识观,所以研究者并非要创建"放诸四海而皆准"的模式和理论,一切通过行动而累积的经验和知识都是特定的、情境性的(situational)。

更加重要的是,行动研究否定社会科学那种价值中立的想象,拒绝研究过程可以价值中立的假设。每项行动研究都有强烈的价值介入,推动行动研究是为了改变社会,所以研究探索本身就是一个政治化(politicization)的过程(Elden & Chisholm,1993)。正像国际期刊《行动研究》所发布的宣言那样,"在这时刻,我们召唤大家一起介入前所未有的各种复杂挑战,包括贫困和社会不平等、气候变化、全球化、科技革命、原教旨主义等。行动研究者关心研究的操守(conduct)和使用。有别于传统的应用研究,我们更加关注如何让在地民众参与到整个研究的过程中,包括问题的界定、研究的步骤、结果的诠释、行动的设计、成果的评估等。通过民众参与的研究过程,我们超越应用研究"。笔者作为《行动研究》编辑之一,希望在中国也能推动这样一种研究的范式,生产更多能够服务于老百姓的知识。

社会工作是有强烈价值介入的专业学科，国际社会工作学院联盟（International Association of Schools of Social Work）曾清晰地表述了社会工作的内涵，那就是："社会工作专业倡导社会变革、促进有关人类关系的问题解决并推动人们的增权和解放以增进福祉……人权和社会正义的原则是社会工作的基础……社会工作源于人道和民主的理念，其价值观立足于对所有人的平等、价值和尊严的尊重。自从一个多世纪以前诞生以来，社会工作一直关注于满足人类需要及发展人类潜能。人权与社会正义是社会工作行动的动力与依据。社会工作与弱势人群团结一致，力求缓解贫困以及解放易受伤害的与被压迫的人，以提升社会的包容性。社会工作的价值观体现在全国性与国际性的专业伦理守则中。"我们所创建的知识也是为了实现我们专业的目标。承接上一章，笔者在此再次强调的是社会工作的特殊性，它是实用性很强的学科，所以它的研究也是有实用取向的。然而，什么样的研究方法才能为实践服务呢？笔者深信行动研究是最贴近社会工作的研究方法，特别是参与式行动研究。从议题、知识论到操作方法，行动研究都与社会工作很匹配。

第三节　行动研究的操作方法

为了厘清行动研究的理念和知识论，我们需要进一步追问：

- 行动研究者最惯常采用的研究策略是什么？
- 怎样决定这些策略？
- 研究主体和其他非研究者在研究过程中扮演什么角色？

基于以上的理念和知识论基础，行动研究的操作过程和使用的方法也是很精彩的。首先，研究过程是开放的。有别于传统的研究，行动研究不可能固定研究的问题、选定资料收集的方法。很多时候，当我们来到社区/田野后，才有可能判断社区/田野中民众处于什么样的状态、所遭遇的是什么问题、他们到底关心的是什么？此时，我们才能判断到底使用什么方法来了解他们的需求。在了解需求之后，我们才能决定采取什么样的介入行动手法。很多时候，方法的选取是在田野的处境下与在地民众一起决定的。由于田野是不断变化和更新的，行动研究者也需要不断对研究处境有新的界定，同时创建新的方法和技巧去理解新的处境与介入行动。

我们在过去的农村社会工作行动研究中，就采用过丰富多样的方法和技巧。譬如，在行动第一阶段需要了解社区的需求，我们会采用口述历史的方法来收集村民的生活故事，从中了解他们生活中遇到的各种困难，同时发掘他们的能力和资源；我们也用绘画的方式，让村民一起制作村庄的地图，使我们更好地了解社区的环境；当我们要做社区发动的时候，话剧表演和唱歌也是很好的手段；当我们要评估行动的效果时，个案访谈或召集焦点小组也是经常使用的手法；影像发声（photovoice）或录像发声（video voice）的方法也常被用于社区发动和民众参与阶段。

行动研究者也需要站在开放多元的角度，在方法上坚持折中的、不排斥的态度。所以在行动研究的过程中我们可以采用各种不同的方法以实现我们的行动目标。不过有一点是笔者一直强调的，那就是虽然我们的态度是开放和多元的，但当我们发现方法/技巧与我们行动的目标和理念相冲突的时候，这些方法/技巧就应该被放弃。譬如，问卷调查的方法，对于笔者而言就是不民主的研究方法，因为整个研究的过程，包括研究主题的设定、问卷的设计、样本的抽取等，都操控在研究者手里，民众只是被动地接受访谈的对象。至于这些题目是否对他们有意义，问卷中的问题他们是否明白、是否愿意回答，似乎都没有被注意到。问卷调查方法与行动研究的精神有所冲突，所以通常不会在行动研究中被使用，就算使用也必须改变问卷调查的原有程序和研究中研究者与被访者的关系。

总而言之，行动研究的具体操作方法是多元的，不是固定不变的，是在田野中因着需要而选用和创建的。行动研究是一个"大家庭"，按照内容可以分为组织的行动研究、社区发展的行动研究、教育的行动研究、护理的行动研究等，按照理念可以分为参与式行动研究、赋权式行动研究、女性主义行动研究等，按照功能可以分为实验形态的行动研究、组织形态的行动研究、专业形态的行动研究、赋权形态的行动研究等。

第四节　行动研究的步骤

一般而言，行动研究都要经历循环的周期，金米（S. Kemmis）和塔格（R. McTaggart）发展了一个简单的行动循环模型来展现行动研究的步骤

(见图 4-1)，包括计划、行动、观察和反思四个阶段（Kemmis & McTaggart, 1988; MacIsaac, 1995）。

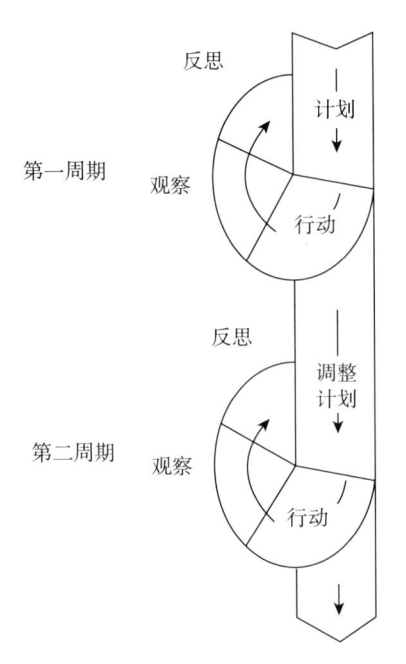

图 4-1 简单的行动循环模型

资料来源: Kemmis & McTaggart, 1988。

萨斯民（Susman, 1983）进一步细化了行动研究的步骤。他把行动研究的周期分成五个阶段（见图4-2），那就是问题的诊断和界定（也就我们通常说的需求评估）、行动规划（项目和服务的规划）、行动推动、评估以及总结经验和学习，然后进入第二个行动周期。

当我们在中国农村推动行动研究的时候，常常被问及我们什么时候离开。我们的回应常常是"当农民已经成长"、"农民的能力已经提升"、"他们已经不需要我们的时候"。其实，行动研究的周期因项目的需要而定，没有特定的时间限制，结题有时是因为经费的问题，有时是因为发现走不下去了，有时是因为看到行动目标已经达成。

Maggi Savin-Baden 和 Claire Howell Major 在 2013 年合编的新书中，把参与式行动研究的周期细化为八个阶段（见图 4-3）。其中她们强调几个重点：

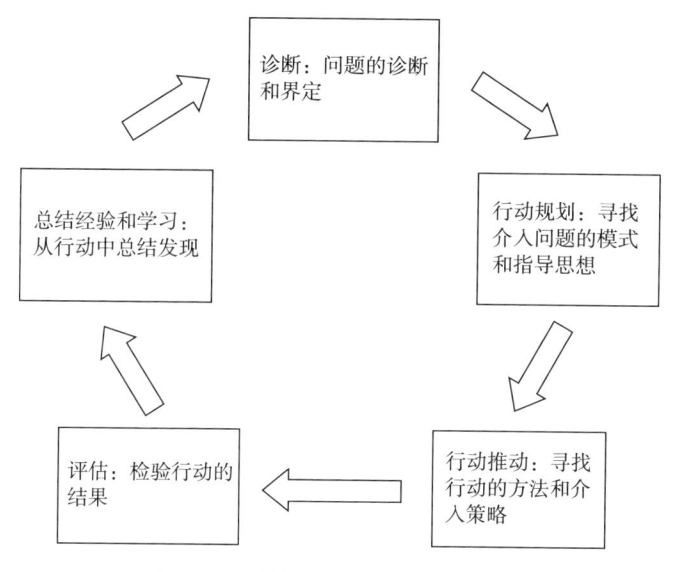

图 4-2　萨斯民的行动研究的周期

资料来源：Susman，1983。

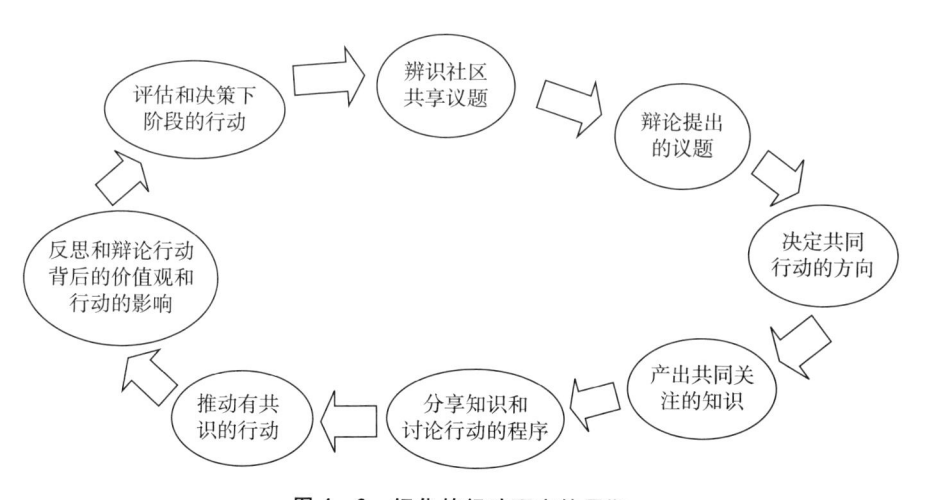

图 4-3　细化的行动研究的周期

资料来源：Savin-Baden & Major，2013。

- 强调权力的再分配；
- 强调民众的议题（agenda）；
- 强调共享（shared）；
- 强调自我的反思（self-reflective）；
- 强调知识和理解的共同创建。

不管是哪种行动研究的模型，在行动研究中，研究、行动、评估互相联结，是一个循环的过程、一个螺旋的周期，并非线性的过程，这个过程是动态的，研究、行动、评估、反思批判如绳索般紧密纠缠、交互作用。评估和反思批判扮演着重要的角色，没有这两个环节，将无法衡量研究的进展或需要重新定义问题，甚至会得出错误的结论，出现行动的盲点。

第五节　行动研究中的三位一体

行动研究与传统研究最大的差异在于不是为了研究而研究，而是研究、教育和行动（实践）结合的三位一体。研究不仅被视为知识产生的过程，也是教育（education）、意识提升（consciousness raising）和行动发动（mobilization for action）的过程。

行动研究所强调的教育与我们传统上对教育的理解有所不同。因为行动研究的目标是增权/赋权/培力，要达到此目标，教育的推动必须是为了意识的提升。所以在农村推动行动研究，必须采用不同形式的培训来提升村民的意识。譬如我们在农村看到性别不平等现象，为了改变这种现象，我们必须推动各种赋权妇女的项目。但其中的关键是让妇女看到这种不平等，意识到父权文化对她们及其家庭的伤害，认清自己并不是愚昧和无知，知道自己没有知识和见识是生活机会的不平等造成的。要让妇女们的眼界打开，我们需要推动农村的性别、发展和参与式的培训，用多元的形式（包括戏剧、话剧、小品和歌谣）来提升村民（包括男性）的意识。这些培训班（包括组织小组、做个案、搞大型社区活动）最重要的特点是让参与者能够真正发声，界定自己对现实的理解，掌控研究的过程。在这个过程中，让社区的民众发现自己的力量和能力。在这里，行动研究者协助参与者掌控过程，达致行动设定的目标。意识的提升是行动发动的重要前提，在农村社会工作过程中，我们常常发现村民不行动，或者行动没有持续力，这是因为我们忽略了行动研究中三位一体的教育与意识提升。

第六节 行动研究与农村社会工作介入的例子

行动研究近年来在中国内地越来越受社工界重视,有一些社工界的教育者也在推动行动研究(杨静、夏林清,2013)。当然,大家对行动研究的理解不尽相同,范式也不一样。不管怎样,大家都在尝试着学,尝试着做。

这里笔者很想分享早期乐施会在中国农村推动的一个行动研究项目,通过这个项目大家应该可以大致了解行动研究的基本过程。

这个项目是通过一种名为"影像发声"(photovoices)[①]的参与式行动研究方法来推动的农村发展项目。"影像发声"这种研究方法受弗雷勒(Paulo Freire)的批判教育学和女性主义方法的启发,在国外早已被社区发展工作者运用,近年被大量运用于农村发展、健康科学、护理、社会工作等学科。[②]像 Wallerstein 和 Bernstein(1988)就运用类似的方法去研究健康教育;Wang 和 Burris(1997)用"发声影像"的方法去探寻中国云南省山区妇女的需要。

"影像发声"是一种参与式行动研究方法,让研究对象(例如当地人、服务对象等)透过摄影的方法去发掘和呈现他们所在社区的情况。这种方法颠覆了传统研究方法中的主客关系,把一直掌握在研究者手中的研究工具(相机)交到研究对象的手中,让他们充当摄影师的角色,成为本社区发展有潜力的催化者(catalysts)。另外,这种研究方法更鼓励当地民众有效参与社区发展,利用当地民众自己所拍摄的影像作为社区发展需求评估的有力证据,让社区民众和社区发展工作者能够分享一起获取的知识,让研究者和社区发展工作者有机会从当地人的角度和眼光来看当地人所处的社区,达到参与式评估的目标。

总括来讲,这种方法有三个重要的目的:①让社区民众能够记录与反映他们社区的情况和需要;②小组透过对相片的讨论,针对社区的重要问题,开展批判性的讨论并建立批判性的知识;③让问题能够被反映给政策

[①] 有些人译为"图片发声"。
[②] 可参阅两个影像发声的网站:http://www.photovoicesinternational.org/;http://www.photo-voiceworldwide.com/what_is_photovoice.htm。里面有许多影像发声项目的介绍。

制定者。

"影像发声"特别适用于农村社会工作,通过这种手段,当地人能够描述他们所看见的而文字无法表达的需求。"影像发声"对于社会上那些最脆弱和边缘的群体来讲是一种有效的方法,因为这些群体通常没法书写与阅读,这一方法正是能够让他们突破文字的限制,充分发挥他们的创造力,表达他们的所思所想。"影像发声"更能突破传统问卷调查方法的局限,透过影像形象地反映当地社区的环境,让社区发展工作者能够更加深入地了解当地民众所表达的情形。

这种方法也强调当地人从需求评估到项目推行过程中的参与,当地人不但负责拍摄,还参与相片的讨论、需求的评估和项目的推行,使整个项目成为社区的财产,也使当地人成为社区发展的主体。运用"影像发声"的方法,也使当地参与者成为项目的代言人,因为他们在拍摄的过程中,需要不断地向社区中的其他成员介绍此项目以及拍摄背后的目的。当地参与者也可以透过与社区其他成员的接触,把他们的故事、看法带到需求评估过程中来讨论。另外,这种方法最直接和实际的好处是加强了当地参与者与社区其他成员之间的联系,因为相片的拍摄、分发和分享都使他们有机会建立长远的关系。

这种方法不但让当地人述说他们的需求和困难,也同样让他们述说自己社区中的资源和优势。最后,"影像发声"的方法还是一种推动社区行动的手段,这些制作出来的影像正是提升群众社区意识的最直接的工具,他们看到社区面对的问题和处境,能够组织在一起,商讨解决社区的问题,成为创造美好社区生活的倡导者。

1992年,Wang和Burris两位学者合作在云南使用"影像发声"的方法推动农村健康项目,[①] 目标是让农村妇女通过使用相机的过程,反映她们日常生活中的种种议题,让农村发展工作者能够比较准确地了解社区的需求;通过相片,培育社区的小组对社区议题进行讨论;把社区讨论的结果给政策制定者参考,从而有助于发展计划的制订;最重要的是,通过妇女的参与,让妇女们能够被赋权。在整个"影像发声"的行动研究中,应坚持四个重要的原则:①研究者和研究对象是一种伙伴关系,研究对象参与到研

---

① 可参阅《中国云南农村妇女自我写真集》(云南民族出版社,1995)。

究的设计、资料的收集、分析和成果发布的整个过程中；②资料是研究伙伴个人和脉络特定的；③研究的发现必须传递给大众和专家；④从照片的发现中得到启发，制定各种策略来回应个人和社区的改变。

这个项目基本上也是按照行动研究的重要过程来设定的，包括：研究主题的界定，设定研究目标，发动民众参与和培训参与者的技巧，分配任务、推动项目的实施，批评、反思和对话，分析收集的资料，提出政策建议和行动计划。

- 第一阶段：界定研究主题、设定研究目标。在这次行动研究中，团队界定的主题是云南农村妇女的生育健康问题。研究目标就是对在地社区进行需求评估，找出妇女们在生活上遇到的与生育健康相关的困难，从而找出如何改善云南妇女健康状况的方法。另外，通过研究的过程为在地的妇女培力，让妇女们能够发声。

- 第二阶段：发动民众参与和培训参与者的技巧。为了达到让民众参与的目标，这个阶段还包括发动在地民众参与，这次一共有62位妇女参与了影像发声。发动民众之后，研究团队需要对妇女进行培训，让她们明白参与影像发声的意义，掌握摄影的基本技巧。这个过程是非常关键的，妇女们之前对相机是陌生的，这种一直被掌握在研究者手中的工具今天可以被转移到妇女手中，对她们而言是一种赋权。通过学习，妇女们除了能够学到新的技巧之外，更重要的是在过程中她们的意识被提升，能够看到自己的能力，也明白社区参与的重要性。通过这种参与，她们可以发出自己的声音。接着，研究团队还需要与妇女们一同商量拍摄的主题，让妇女们懂得透过镜头，重新发掘生活中与生育健康相关的议题，反映社区妇女在这方面的困境。

在培训中，妇女们还讨论了一些研究伦理方面的问题，包括：如何使其他村民愿意接受拍照？是否可以在别人还没同意的时候拍照？谁是你最想拍的人？这意味着什么？什么时候是拍照最恰当的时机？

- 第三阶段：分配任务，推动项目的实施。在整个过程中，研究团队将发声的权力交还给妇女们，让妇女们真正掌控研究的过程。他们把相机交到妇女们手中，让她们回到自己的村里，每天拍摄她们认为有意思的照片。在这一过程中，妇女们透过相机看世界，拍摄了许多反映她们真实生活的图片，她们拍出来的照片是独特的，最能反映在地社区的生活状况。

譬如，有一位妇女就用一张照片来反映她们生活和工作中的某一场景。照片中，一位中年妇女正在玉米地中工作，在旁边的地上，放着一个婴儿。

还有一张照片，也是当地妇女拍摄用来阐释农村儿童缺乏照顾的现象。照片中有两个小孩：一个年纪小的孩子坐在泥地上，年纪稍大的孩子赤着脚，手中拿着碗，正在喂弟弟吃饭，旁边还有鸡在走着。

- 第四阶段：批评、反思和对话。在行动研究中，妇女们拍摄的照片，成为对话和反思的媒介。通过这些照片，社会工作者建构起与当地妇女对话的平台。[①] 譬如上面提到的妇女在玉米地里工作的照片是37岁的李女士拍的，她想要告诉工作人员的是村里没有托儿所，家里也没有老人可以帮忙照顾小孩。因此有些妇女只能自己照顾，把小孩带到田里，一边干农活、一边照看。这反映了当下农村妇女生活的负担。上面说的两个小孩的照片是由42岁的朱女士所拍的，她告诉工作人员，照片中的小孩，大的才3岁，而小的只有1岁。在农忙的季节，家长都没有时间看管小孩，只好让大的照顾小的。在对话的过程中，工作人员也被教育了。还有一张照片给笔者留下了深刻的印象，照片中一位年轻妇女带着两个孩子在田里工作。一般来讲，这是非常劳累和辛苦的。但当这位妇女看到金黄的玉米时，脸上露出了丰收的喜悦。从这照片中，我们看到在地妇女的力量，以及她们乐观的人生态度，我们学到了很多。

- 第五阶段：对所收集资料的分析，也就是对收到的照片进行阅读、诠释与分析，这是行动研究很重要的部分。影像的力量就在于通过照片这个窗口，让我们看到在地社区日常生活的种种面向。它告诉我们在地妇女是怎么看她们自己和她们的生活的。通过对这些照片的阅读和讨论，我们可以"聆听"到妇女们的声音和她们的需求。

首先是让妇女们选取照片，在每一卷胶片中选取那些她们认为最重要和最想跟我们分享的照片，然后让妇女们解释她们选取这些照片的原因，这样的介绍也让工作人员明白照片所反映的场景对妇女们是什么意义，明白她们如何诠释这些影像。而且，通过这些照片，妇女更加能够延伸讲述社区的故事以及其他相关的事，让工作人员能够设身处地地理解在地社区的需要。通过这些照片和妇女们讲述的故事，工作人员能够归纳出不同的

---

① 这些图片在《中国云南农村妇女自我写真集》（云南民族出版社，1995）中可找到。

议题、主题并做出总结。当然，根据行动研究的目标，有几个关键的问题是应该予以解答的。在地妇女们生育健康的状况如何？质量如何？在地妇女们工作的范围和劳动强度怎样？她们在儿童照顾方面扮演什么样的角色呢？

通过照片及与妇女们的对话，研究人员找到了答案。譬如，有一张照片就回答了以上的问题："妇女手中拿着农药喷雾器，但她缺乏保护的衣物和面罩。她们这样的喷洒，农药会撒到她的背部、肩部。"这样的工作很容易中毒。另一位妇女对照片的解释是："这个妇女在烟草的苗上洒农药。在我们生活的村里，妇女是种植和烤烟的能手。从下肥、育苗、撒粪、摘叶、卷烟，全部都是妇女干的活。她们的劳动强度非常大。"[1]

从妇女的叙述中，研究人员也能够发掘在地社区的能力和资本。譬如，一位妇女拍下另一位妇女削南瓜的场面，她解释道："我们村里，全部的食物和蔬菜都是自己种的。这位大姐正在削自己种的南瓜，准备晚餐。"通过这个照片，我们看到，自给自足，是在地的能力。另外，还有一位妇女拍下了一张集体劳动的照片，她解释道："我们的房子都是自己造的，我们就是用锄头造土基，造墙。村民都是自己造房子的，这些妇女正在混泥土，准备弄地基。"这张照片也告诉我们在地妇女的能力，还有社区互助的精神。这些都是被发掘的社区资本。[2]

- 第六阶段：提出政策建议和行动计划。通过对影像叙述的发现、讨论和总结，研究团队把社区的需求反映给政策制定者，让他们看到社区的需求以及社区的能力资本，从而使公共政策的制定更能满足在地的需要。之后，研究团队召集相关人员开会，包括政策制定者（如民政部门、妇联的人）、基金会人员、研究者、记者、健康领域的人员等，通过影像与各方沟通，希望可以在政策方面带来改变。

无论如何，妇女们在参与行动研究的过程中，能力和意识都得到了提升，她们通过自己拍下的照片，进一步看到自己和社区其他妇女的情况，包括繁重的田间劳动、家庭劳动和儿童照顾以及产生健康问题的一些原因。更重要的是，透过影像发声，妇女们挑战了主流社会对农村妇女的偏见，

---

[1] 这些图片在《中国云南农村妇女自我写真集》（云南民族出版社，1995）中可找到。
[2] 这些图片在《中国云南农村妇女自我写真集》（云南民族出版社，1995）中可找到。

证明自己不是像主流社会所认为的那样愚昧、无知、缺乏能力。通过拍照，她们找到了乐趣和自信，也看到了自我发展的可能。

小　结

　　根据笔者十几年来推动农村社会工作的经验，行动研究方法是农村社会工作一种重要的行动策略。它集研究、教育和实践于一体。我们在农村的行动可以服务在地社区、改变农村社区；通过教育的过程，我们可以跟村民一同成长，村民的意识在被提升的同时，农村社会工作者也由于向村民学习的缘故，改变了很多对农村的固化观念；通过研究，我们能够与学科专业对话，反思农村社会工作理论的局限。通过提炼和总结，农村社会工作者能够建构符合在地脉络的新理论、新模式。

　　行动研究中有多元的视角和取向，但在这一章里，笔者强调的是参与式行动研究方法，那就是研究者尽量转换自己的角色，成为行动过程的协调者（facilitators），致力于创造空间让在地民众成为研究的伙伴（partners）和合作研究者（co-researchers）。行动研究基本上颠覆了传统研究方法，它强调服务在地的民众，让在地的民众参与到研究项目的每个步骤中。这一方法的终极目标是：希望在一起操控整个研究的过程中，在地民众成为我们一同前进的伙伴，最后成为行动的主体（subject）。

思考题

- 看完本章之后，你会采用行动研究方法吗？为什么？
- 你能把握行动研究与社会工作的关系吗？
- 你希望通过行动研究达到什么目标呢？这些目标与你的关系是什么？

推荐读物

保罗·弗雷勒，2003，《受压迫者教育学》，方永泉译，台北：巨流图书出版公司。

古学斌，2017，《道德的重量：论行动研究与社会工作实践》，《中国农业大学学报》（社会科学版）第 34 卷第 3 期，第 67~78 页。

杨静、夏林清主编，2013，《行动研究与社会工作》，社会科学文献出版社。

实践议题与案例

第五章　社会工作与农村性别充权实践[*]

性别一直是社会科学关注的议题,在世界的每个角落,不管是西方发达国家还是发展中国家,因性别身份而产生的社会不平等随处可见。简而言之,性别不平等的现象涉及工作、教育和家庭暴力等。根据世界劳工组织的报告,世界上 5.5 亿穷困劳动者中有 60% 的人是妇女,妇女所做的无薪工作是男性的两倍。她们代表世界上兼职(part-time jobs)和非正式部门(informal sectors)工作者中的绝大多数,失业率也比男性高出许多倍(International Labour Organization,2006)。在贫困方面,大部分国家的贫困妇女集中在农村,妇女占贫困人口的大部分,性别贫困化的现象非常严重(Moghadam,1997;Chant,2006)。妇女的工作负担远比男性沉重,为了应对家庭贫困,妇女从早忙到晚,从事繁重的工作。除了承担抚养下一代的重要责任外,她们还是家庭中的情感支持者和照顾者。

在教育机会方面,性别不平等问题也非常严重。联合国教育、科学及文化组织 2007 年的报告《在 2015 年实现全民教育我们能做到吗?》指出,"到 2005 年,有数据统计的国家中只有 59 个国家实现了初等教育和中等教育的两性平等,75% 的国家在初等教育领域实现或接近实现两性平等,47% 的国家在中等教育领域接近实现两性平等……113 个国家在 2005 年尚未实现中小学两性平等目标,其中仅有 18 个国家可能在 2015 年实现了这个目标。两性平等问题依然难以解决:性暴力、不安全的校园环境和恶劣的卫

---

[*] 此章部分内容发表于古学斌、龚瑨(2016)"导言:性/别与社会工作"。

生条件对于女童自尊心、入学率和续读率的影响尤为严重。教科书、课程和教师的态度依然在强化关于社会性别作用的陈规定型观念"（联合国教育、科学及文化组织，2007：5）。在 2013 年 10 月 11 日的"国际女童日"，联合国秘书长潘基文发表致辞，呼吁国际社会为女童提供教育机会，使女童能够实现自身的发展，为人类的共同未来做出贡献。2013 年"国际女童日"的主题依然与教育相关。潘基文在致辞中说，赋予女童权利、保护女童人权、消除女童面临的歧视和暴力对整个人类大家庭的进步至关重要，而为女童提供应有的教育是实现所有这些目标的最佳途径之一，然而在太多国家有太多的女童仅仅由于自己的性别而被拒于教育门外。为了加快让每个儿童特别是女童都能上学的进程，他发出了《教育第一全球倡议》。他说："我们要教的不只是阅读和算术，而要力求培养能够应对 21 世纪复杂挑战的全球公民。为了取得富有意义的成果，我们需要以新的方式应对女童教育方面的挑战，而且必须倾听年轻人的声音。"[1] 可见教育方面的性别不平等依然是严峻问题。

此外，家庭暴力也是性别不平等的重要指标。当今世界，针对妇女的诸种暴力中，被丈夫或其亲密的男伴虐待是最常见的一种。根据国际健康和性别平等中心（Center for Health and Gender Equity）1999 年发布的报告，"在世界范围内，每三个妇女中至少有一个在其生活中曾遭受过殴打、强奸或其他形式的虐待。而虐妻者通常是她自己的家人"（Heise et al.，1999）。在中国也不例外，性别暴力被认为是一个重要的社会问题（social problem）以及对人权的严重侵犯。中华全国妇女联合会（以下简称妇联）2003 年主持的一项调查显示，在全国 2.7 亿家庭中，有 30% 的家庭存在家庭暴力，其中 90% 是男性对女性施暴。57% 的受访妇女说她们曾被自己的丈夫虐待（李晓凤、杜妍智，2008）。西方社会在 20 多年前已经关注和认定男性针对女性的暴力是一个严重的社会问题（Hanmer，2000）。自 1990 年以来，这个议题不断被国际社会关注和讨论（Heise et al.，1999；United Nations General Assembly，1993；United Nations Population Fund，1999），也成为各国政

---

[1] 参见：2013 年 10 月 12 日新华网《潘基文呼吁为女童提供教育机会》，http://www.xinhuanet.com/2013 - 10/12/c_125518376.htm；Heise, L., et al. 1999. "Ending Violence Against Women," *Population Reports*, Volume XXVII (4), 1 - 44。

府和非政府组织制定政策时要考虑的重要议题（Klevens，2007）。① 家庭暴力是性别不平等的结果，它影响到妇女的生育健康及其身体和心智各方面的发展。除了导致短暂的创伤外，暴力还增加了妇女其他长期的健康问题，包括慢性疼痛、身体不适、药物/酒精上瘾，以及抑郁症等。有身体或性虐待经历的妇女同时也增加了意外怀孕、性传播感染和不良妊娠结果的风险。

除此之外，性别不平等还表现在很多不同的方面（包括女性参与公共事务、婚丧嫁娶、健康等），面对各种各样性别不平等的现象，社会工作专业有别于其他社会科学的特点是：不仅仅关注和分析导致性别不平等的原因，更加注重解决性别不平等问题的方案和介入的模式。然而，后女性主义者告诫我们，暴力背后的原因是复杂和多元的，可能因种族、族群、阶级、性别、年龄、身体情况以及地域差异而不同。错综复杂的针对妇女的暴力，它们的不同形式，以及它们潜在的不同含义和影响应该被仔细地审视和深入地理解（Sokoloff & Dupont，2005；Brooks，1997；Hester et al.，1996）。

因此，回到中国农村的具体脉络和处境，从事农村社会工作的我们需要问以下几个重要问题：

- 妇女的处境在中国特定脉络下到底如何？
- 社会工作应该从哪些方面介入？
- 我们可以借鉴的理论有哪些？
- 社会工作应该如何介入呢？

这一节，笔者从基本的性别概念和理论出发，介绍农村性别不平等的显著议题。最后将用云南的一个实践案例，分享社会工作在农村社区如何通过一个综合性的项目，应对农村性别不平等和推动妇女赋权的工作。

第一节 性别与社会工作

在20世纪六七十年代之前，随着女性主义运动的扩展，西方的女性主

---

① 在中国，社会对家庭暴力的关注大概始于1995年，当时正值第四届世界妇女大会（the Fourth World Women's Conference）在北京召开。随着2001年《婚姻法》的修正，近年来，越来越多的学者、妇女团体以及非政府组织对家庭暴力进行研究，也同时介入处理家庭暴力的案子（刘梦，2003；张李玺、刘梦，2004；杨静，2002）。

义社会工作者将性别视角引进社会工作领域（Dominelli，2007）。后来，这一取向的社会工作被称为"性别为本的社会工作"（gender-bsed social work）或简称"性别社会工作"，这不只是泛指从性别角度推行的妇女工作，亦包括其他服务范畴，如社区发展等，所服务的对象涵盖社区内的所有居民，而不仅仅是妇女这个单一性别群体。所谓性别敏感的社会工作或女性主义社会工作，是指社工专业必须对女性主义理论有所认识并具备性别觉醒的能力。理论帮助我们理解女性的处境及其被压迫的根源，洞悉现存男权至上的社会文化如何阻碍了社会迈向平等的目标，同时也指导我们制定行动的策略（梁丽清、陈锦华，2006）。

如果我们把社会工作定义的外延扩大，从治疗取向的社会工作向社会工作原初的精神及其实践回归——维护社会公平正义，坚守社区为本的社会工作（甘炳光，2010），那么社会工作最重要的功能之一就是为被压迫者赋权，让他们有能力参与那些影响他们生活的决定（Browne，1995）。20世纪八九十年代，在发展（包括社会工作的社区发展）领域，性别的议题不断被提出。在中国的发展领域，"社会性别主流化"、"社会性别分析"、"社会性别视角"和"社会性别敏感性"等关键词，被频繁使用着（贺萧、王政，2008；林志斌、李小云，2001），几乎任何形式的发展都被冠以"妇女"／"社会性别"之名（赵捷，2005）。然而，不管是社会性别理论还是各种妇女发展项目，在中国存在的历史都很短暂，人们急于在特定的范畴内，将它们串在一起，找到它们之间的一些相互关系，对原先那种无社会性别敏感性的社会做另外一种较为全面的解读，却由于本土化的理论创建不足、实证研究少且质量低（杜芳琴，2008），导致这些概念的内涵被抽空，或被部分地切换了。

无论如何，社会性别这个概念，概念化了结构性压迫的范畴，让性别分工和性别化的权力阶层清晰可见（杨，2007）。对于以弱势群体（妇女）为主要服务对象、致力于社会平等与发展的社会工作者来说，社会性别这一理论视角不可或缺。回到农村社会工作，社会工作者如何在本土实践的基础上，为社会性别视角构建一个适宜的理论框架，以细致、深刻地解析、挑战现有的男权中心的价值体系、知识内涵，不断与具体实务进行对话，使社会性别视角不再流于一个"空洞的"、"有隔膜感的"、"外来的"的词（贺萧、王政，2008；佟新，2008；熊秉纯，2001）。下面将介绍"社会性别"、"性别角色"与"性别觉醒与赋权"等几个重要的概念，然后将这些概念与所要研究的妇女所处的具体情境结合起来，对她们的经验进行理论探索，了解中国农村性别不平等的现象，最后介绍云南的实践案例，以让读者认识到在农村推动性别项目到底应该如何操作。

一 社会性别

社会性别是从英文 gender 翻译而来的理论概念，有别于生理性别 sex，社会性别指出性别的差异和分工并不是天生的、由生理决定的。男女两性不同的角色、责任、义务及劳动分工是社会文化建构的结果（胡玉坤等，2008）。1993 年，在天津举办的"中国妇女与发展"研讨班上，天津师范大学妇女研究中心第一次与海外中华妇女学会合作共同举办了为期两周的"第一届中国妇女与发展研讨会"。会上，海外学者介绍的社会性别概念，引起了与会者的震撼和兴趣。1995 年在北京召开的第四次世界妇女大会被普遍认为是"社会性别"概念进入中国学术界的重要历史时刻，也是此后性别相关理论研究的一个分水岭。之后，特别是在发展领域，社会性别概念被广泛使用，香港乐施会更是大力推动性别与发展（GAD）的培训，使社会性别视角进入发展领域，特别是农村发展领域（付红梅，2006）。

社会性别理论起源于 20 世纪初和六七十年代出现的两次妇女运动浪潮，其核心诉求为"男女平等"或"男女平权"。虽然学者们的关注点及分析视角不尽相同，但不同的女性主义派别的共通之处是，均指出社会上男女不平等的状况并非源于两性生理结构上的不同，而是社会建构和权力作用的结果（如周华山，1999）。其中社会主义女性主义者提出，两性在自我发展、生活安排、资源运用及社会地位上的差异与其所处社会的经济、政治、文化、社会结构、政策及父权意识密切相关。在现有的各种社会形态之下，妇女明显处于结构性的弱势地位，尽管这种弱势地位还受到阶级、种族、文化等多重等级与权力的影响，而不仅仅由社会性别这一单一属性决定（胡玉坤等，2008；王政、杜芳琴，1998；周华山，1999）。妇女之间的种种差异，并不能遮盖男女之间的巨大差异。社会性别这个概念表达了对传统社会性别不平等关系的不满和挑战，不再将社会中存在的男女不平等问题只归结为男女两性的生理差异，归结为女性与生俱来的命题，而是从社会制度的角度来看这种男女差异和不平等，认为这种差异和不平等是结构性的;决定性因素是制度、文化等社会因素,是一个历史的范畴(周华山,2000)。

社会性别的概念对于从事农村社会工作的人员来讲是非常重要的,带有社会性别的敏感度,在做农村社会工作时,我们会看到社会性别不平等常常是一种权力关系,是制度性问题,而不仅仅是个人问题。我们在推动社区发展工作时,必然会考虑妇女优先,提供给妇女更多的机会;在推动妇女工作时,我们更加着重去理解在地的社会制度和文化如何制造了性别不平等,看到性别文化如何影响在地民众的思维和意识,桎梏了妇女的行动。因而在推动农村妇女工作时,致力于提升妇女的意识,让她们明白她们的处境不是与生俱来的,不是个人的问题,而是各种结构性因素造成的。在下面的案例中,我们将介绍农村社会工作如何提升妇女的意识,让她们看到自己的能力和力量。

随着女性主义理论的不断发展、同性恋运动以及酷儿理论的出现,"社会性别"不再固着于"男性"与"女性"的二分法,而是将其他逐渐出现的"性少数群体"(比如"男同性恋者"、"女同性恋者"、"变性者"、"变装者"等)、挑战"男女性别二分法"与异性恋霸权的群体一一纳入,将"男女平等"的社会目标扩展为"性别平等",强调关注与改变社会性别之所以被形塑的一系列社会文化制度。由此,社会性别的内涵与外延被进一步扩展,将结构性压迫凸显出来,让性别分工和性别化的权力阶层清晰可见。它所针对的绝不仅仅是女性群体这个范畴,而是一切弱势群体(周华山,2000)。当然,在今天中国农村的文化语境下,在农村社会工作中谈性的议题还是相当少的,同性恋、变性者、变装者等性少数群体的议题还不是中国农村社会目前最紧迫和值得关注的议题。

无论如何,社会性别理论提供了一种思维方式,对社会中为什么人要被区分为"男人、女人",何为"男人、女人",什么是他们应该遵循的行为、观念、角色和身份,进行了一项权力关系的分析。所谓具有性别敏感性的社会实务工作(gender sensitive practice)或女性主义社会工作(feminist social work),是指社工专业必须对女性主义理论有所认识并具备性别觉醒的能力。要了解服务对象,特别是女性的处境,也要洞悉现存男权至上的社会文化如何阻碍了社会迈向平等的目标。换句话说,妇女问题并不是妇女本身的问题,而是父权制度给性别带来的生活上的枷锁(梁丽清、陈锦华，2006）。

二 性别角色

在社会性别理论体系中，性别角色是一个核心概念。社会性别涉及人们所承担的社会角色，而这种社会角色又是性别分工的结果。研究显示，虽然男、女性别角色存在较大的差异，与民族、历史、文化、地区、社会阶层等因素息息相关（DA，2004），但工作与职业被性别结构化，是所有现代社会很普遍的现象，较为传统的"男主外、女主内"的性别分工，以及"男强女弱"的性别定型观念，构成了男女两性最基本的社会性别角色。他们各种性别角色（包括父亲/母亲、丈夫/妻子、儿子/女儿等角色）的根源都源于性别分工。虽然现代社会的性别概念与意识形态已有许多重大改变，但性别分工的改变仍然微乎其微。

运用性别角色作为分析权力关系的工具，其主要方法为发现并解构性别刻板印象（gender stereotypes），也就是人们被划归为两性的那些属性。例如，在现代社会里，男性与女性常常被看成分属于两个彼此对立的领域：男性的内涵被赋予"理性工具取向"，他们理性，具有领导力、行动力、效能感，属于"外面的世界"；女性则为"情感表达取向"，她们感性，天生顺从，适合养儿育女和照顾他人，最好留在家里。性别刻板化最早源于婴儿出生之际，在成长过程中，从家庭到学校的社会化（socialization）过程，都不断地强化性别的角色与分工，让我们学习遵从社会赋予我们的标准角色。

男性气质与女性气质，是目前性别研究界的重要概念，用来解构性别刻板印象、挑战性别刻板化。杨（2007）这样来界定所谓的女性气质。她认为，就像波伏娃在《第二性》中所解释的那样，所谓的女性气质或者女人味，并不像持有性别刻板印象的人所认定的，是一种神秘的本质，所有的女人因为生物基础相同而具有神秘本质；相反，女性气质或者女人味，与生物基础没有必然联系，它只是一套角色与行为规范，限定了在特定社会中身为女人应该在某些典型处境中如何生活的典型方式。依据这个定义，并不是任何一个女人都必然拥有她所处的社会结构所认可的女性气质。有些女人在不同的程度或层面上，逃避或超越了女人的典型处境与定义。即使在单一的社会脉络中，男性与女性的性别角色也在不断改变。在中国，超女李宇春就是一个超越性别角色定型的典型案例（Pei & Ho，2006）。其实，在中国农村也有一些超越性别角色的人物，像山西永济农协的带头人郑冰（何宇飞、居正，2013）。

性别角色的概念对于我们推动农村社会工作也很重要。它让我们理解农村中性别角色的定型如何影响男女的分工以及妇女生活的压力。在我们从事农村社会工作将近18年的云南某村，我们刚进村的时候，就发现性别角色导致妇女负担沉重，中年妇女承担了母亲、人妻和儿媳妇的角色；作为母亲，需要照顾小孩；作为人妻，需要承担家务，做农活；作为儿媳妇，需要孝顺老人。我们看到妇女每天除了做以上的事外，一有空还要织孝布，准备老人的身后事，这是在地文化对妇女的角色定位，作为孝顺的儿媳妇就要为老人织孝布，"孝布越长越孝"成了妇女的诅咒，夜以继日地织布就是为了满足性别角色的要求，活得非常辛苦。农村社会工作者看到这一切后，就去寻求挑战主流性别定型的方法，寻找改变妇女角色和处境的可能性。当然，我们也看到妇女性别角色的改变面临很多张力。当妇女走出家门、积极参与公共事务成为带头人的时候，村中的闲言闲语就会出现，甚至引起丈夫的不满。在这样的状况下，我们需要进一步改变村中的性别文化，转化性别关系。要做到这一点，我们需要性别觉醒和赋权的工作。

三　性别醒觉与赋权

性别醒觉是一种意识提升的过程，包括对现存社会性别制度、社会安排的认知程度，也包括参与改变这些安排的可能行动（Longres & Mcleod，1980）。在参与式社区发展中，社会工作者往往发现，社工介入所涉及的各个范畴，无论是家庭生活还是社会活动，往往充满性别矛盾和政治角力，这些性别政治和权力的不平等可能是很平常的，有些却可能对个人成长及其社会位置有重大影响。性别政治包括社会关系和个人生活，不但可导致生活中的困难和挣扎，也可以成为性别团结力量的源泉（刘泗翰，2004）。社会工作者用什么方法才可以挑战性别角色刻板化以及男性的霸权？协助妇女们反省自己的性别位置，并以赋权工作为核心，是非常重要的行动策略。

赋权（Empowerment）这个概念自20世纪80年代以来被广泛运用在社区工作和妇女运动中。如同社会性别一样，这个概念也存在不同的译法，在发展研究和女性主义研究的脉络之下常常被译成赋权。有些社会工作者质疑这种译法带有"赋予权力"的意思,与社会工作"助人自助"、强调服务对象的自决能力与能动性相违背,也与 Empowerment 本身的含义存在差异,因此翻译成充权。本书采用充权这种说法,侧重于服务对象的自我成长。

对充权这个词有很多种诠释,其中被接纳度最高的诠释是:充权指一个人感觉有一种自我控制的能力、尊重自己、内心充满自信,以及感觉自己有能力去改变现状(梁丽清,2006)。对于这样一种诠释,有人理解为一种过程,有人理解为一种结果,或两者皆是。这样看起来,充权这个概念,与传统社会工作沿用已久的自我成长的说法颇为相近。关键在于,究竟从何种理论视角看待"充权"与"权力"。

后现代主义者提出,当我们运用充权的概念时,起点是要对权力(power)的定义做重新理解。福柯(Foucault,1984)认为权力是行使出来的而非拥有的。Healy 和 Fook(1994)认为,将福柯的权力概念运用在社会工作的实践上,对社工的发展有重要的影响。我们不可能帮助服务对象获取权力,更不可能赋予一种权力给她们,而是帮助妇女看到知识/权力关系如何形成一种内化的压迫,看到主流话语如何形塑她们的身份认同,从而接受主流社会为她们设定的角色和分工。在与妇女对话、解读压迫她们的各种权力关系时,转化妇女的意识,促进她们个人内在的反省,从而挑战既定的权力关系(梁丽清,2006)。

在我们农村社会工作的现场,不管是在云南的农村还是四川的灾区,我们常运用社会性别视角和充权的概念对妇女小组的发展进行介入。譬如在四川灾区,面对一群丧亲的妇女,我们首先要对"灾后重建"这一特定社会情境下妇女的社会性别角色有一个全面深刻的了解,帮助当事人从全新的角度审视自己的处境和需求,使她们放弃一些不必要的性别角色期待,提供打破性别定型的参与空间,推动妇女树立自尊、自信,建立自我,减低个人的问题化和病态化,以增强她们改变现状的动机,提升能力感。

在有关妇女发展与充权的研究文献中,大部分研究集中在探讨充权的效果和评估上,倾向于从政治、经济等宏观层面上进行论述。很多学者注意到,强大的妇女草根组织可以给女性充权。通过鼓励妇女集体行动起来,妇女组织帮助妇女确认她们最关心的是什么，努力让她们去获取决定自己生活各个方面的权力，包括经济和政治权力。然而，单纯从经济或政治等宏观层面看充权的效果，其实存在较多的偏颇。一些研究发现，女性经济能力的提高，并不一定构成对既有的社会性别等级的挑战（Johnson，2005）。她们可能在忙完"外面的"工作之后，仍要完成家务工作，就好像再打另外一份工，只不过这份工一直是没有报酬、被视为理所应当的。同样，妇女在政治场域里看似有所突破，也很可能在特定的社会文化脉络下成为某种政治象征，但并没有真正得到充权。正像有些学者指出的那样，现有的充权研究很少提到个人层面上那些纠缠和细节、性别关系内部的张力以及妇女如何获得最好的支持（Johnson，2005）。关于充权的分析本来就强调个人的自尊与自信，以及在不平等的性别关系中可以进行协商的能力，那么性别关系，特别是在家庭内部的性别关系与性关系，应该成为充权研究的焦点，而不是研究空白。从性别关系、性关系中看女性性别角色面临的困境与改变，由此反思社会工作的介入与农村妇女的充权，这是本章的理论出发点。

第二节　中国农村性别不平等的显著议题

作为农村社会工作者，针对性别的议题，必须对中国农村性别的状况有基本把握。北京农家女文化发展中心秘书长谢丽华女士就将农村性别不平等的现象概括为"一高一低，三多一少"。所谓一高就是出生性别比高，一低就是参政比例低；三多是指自杀女性多、文盲妇女多和家庭暴力多，一少是指经济资源少。虽然农村妇女面对的问题恐怕比谢丽华所总结的还多，但这"一高一低，三多一少"基本上概括了农村妇女几个面向的不平等。一高与生命权利相关，一低跟政治权利相关；三多与生存权利相关，一少是经济权利的问题。

在中国普遍存在着男孩偏好、歧视女孩的传统观念，导致女孩生存相对处于劣势、女婴死亡水平相对偏高的问题。20世纪80年代以来，严格的人口政策导致持续的低生育率，男孩偏好更加强化，出生性别比持续上升。而且，出生胎次越多，性别比越高。根据《中国人口年鉴（2014）》（中国社会科学院人口与劳动经济研究所，2014）的数据，出生性别比从70年代的

106.32，上升到 80 年代的 108.5 和 90 年代的 111.14，到 2000 年更是达到 119.92，而在 2007 年，农村的出生性别比达到 122.85。从 2010 年到 2013 年，我国出生性别比平均为 118∶100，比国际公认的正常值范围（103～107）区间的最大值还要高出 11 个点，出生人口性别比严重失衡。这种对男孩的偏好不只造成性别失衡，还使许多妇女（特别是农村妇女）面对很大的压力，甚至被虐待和伤害（下面讨论家庭暴力的时候会进一步讨论）。这种性别偏好除了跟性别文化相关外，也跟改革时期的政策有关。家庭联产承包责任制和改革时代的计划生育政策相冲突。去集体化增加了农户对劳动力的需求，多生孩子意味着将来有更多的劳动力，这也提升了村民多生孩子，特别是男孩的欲望，[①] 因为劳动力和收入之间的关系变得更加密切：家里劳动力数量越多，收入越高。儿子不仅是家里的永久劳动力，还可以通过结婚和生儿子传宗接代，增加劳动力。这就是在村里男孩偏好以及男性的特权经常公开地在日常生活里表达出来的原因。譬如我们常听到"女儿是外人，像泼出去的水"；"女儿不是我们自己的，最后她还是跟着她丈夫，所以每个人都想要一个儿子。如果你没有儿子，你会变得很可怜。当你老的时候，谁给你养老呢？""我们家的钥匙是要交给儿子的……"[②]（古学斌，2014）

性别不平等还表现为妇女参政比例低。传统的性别角色定型使许多妇女失去了走出家门、参与公共事务和决策的机会。我们在农村看到，许多妇女害怕走出来，怕被别人说不守妇道等，就算她们有看法也不敢言。就像谢丽华比喻的，"农村妇女像一座沉默的矿山，里面有很多潜藏的矿藏，我们就是个开矿人，只要把它发掘出来，这些人的能量是无限的"，但性别文化把它封闭了。联合国衡量一个国家女性政治地位的一个重要指标就是这个国家女议员占议会议员总数或女性官员占政府部门官员总数的比例。在联合国第四次世界妇女大会之后，联合国提出了各国议员中女性比例至少要占 30% 的目标。目前已有 33 个国家的女议员比例在 30% 以上，而中国在第十一届全国人大代表中，女性代表只占 21.3%。中国女性政治地位在

[①] 对我们来说，男孩是家庭劳动力的说法是值得商榷的，因为我们在一些少数民族地区看到的是，长年累月在田里干活的是女人，很多时候男人游手好闲，赌博喝酒，不事生产。

[②] 我们在贵州苗族农村所做的研究也反映了这种情况，可参阅古学斌（2014），或者看英文版 Ku（2011b）。

各国议会联盟的排名中由 2000 年的第 24 位降为 2009 年的第 52 位（何文校，2013：10~15），这是全国人大女代表的情况。基层妇女进入村"两委"的比例也是很低的。总之，妇女进入政治决策领域的比例较低，总体参与的人数偏少。下面就针对农村妇女进入村"两委"的比例谈谈我国农村妇女的参政情况。2008 年是全国村委会换届选举的一年。截至 2008 年底，相关统计数据显示，全国村民委员会中女性成员占 21.7%，这与农村妇女占农村劳动力总数约 60% 的比例很不相称。在妇女参政议政总体水平处于全国领先地位的北京，2010 年其村委会中女性成员只占 20.2%，村委会主任中女性占 4%，村党支部委员会中女性占 19.9%，担任村党支部书记的女性占 6%（何文校，2013）。

在中国农村，另一个让我们吃惊的现象是"三多"：自杀女性多、文盲妇女多和家庭暴力多。从世界范围来看，只有中国是妇女自杀比例高于男性，比男性高 25%。[①] 虽然近些年有下降的趋势，但依然较高。每一个从事农村社会工作的人都知道农村妇女背负的担子有多重，只有细致去观察，才能懂得如何去同理她们，如何与她们一同寻找出路。在教育方面，因为父权文化重男轻女的缘故，特别是在贫困的家庭中，许多农村妇女失去了接受教育的机会。1990 年、2000 年和 2010 年关于中国女性社会地位的调查，显示了在教育方面的性别不平等。虽然女性的受教育水平已经有了明显提升，但是她们依然占文盲人口（15 岁以上）的大多数（超过 70%）。据国家统计局的数据，2002 年，女性占文盲人口的 72.2%；2009 年，占 73.5%；2011 年，同样占 73.5%（贡森、李秉勤，2014）。另外一个我们在农村经常看见的现象就是家庭暴力。在中国 2.7 亿个家庭中，30% 的家庭存在不同程度的家庭暴力，其中 90% 的施暴者为男性。在农村家庭中，妇女遭受暴力的频率，几个月一次的占 35.1%，一个月一次的占 3.3%，一个月几次的占 2.7%，每周一次或多次的占 0.5%（谢丽华，2006）。

在生计和经济方面，我们也看到农村妇女资源占有少，这跟土地政策有密切关系。从某种意义上说，20 世纪 80 年代中国农村改革最大的贡献就

[①] 根据维基百科 2013 年 3 月 12 日的网站的数据：http://zh.wikipedia.org/wiki/%E4%B8%AD%E5%9B%BD%E8%87%AA%E6%9D%80%E7%8E%87。

是政府做出了分田到户的决定，并以家庭联产承包责任制取代人民公社制度。新的农业政策的确刺激了农民生产的积极性，其核心是以单独的家庭为生产的单位，鼓励农民增加农业生产从而增加收入。因为在改革开放初期的农业政策下，农户只要完成了应缴的税项，其他的产出都可以归农户自己，换言之，农户的努力和收入成正比。然而，当生产的权力回归家庭后，家庭的户主，通常是男人成了家庭经济活动和财政的最终决定者。这种农业政策同时也激活了传统农村的家庭制度，父权文化有了再生的温床。新的土地制度其实对农村妇女非常不利，因为政策规定分田是以农户的人口为基础，分田到户的时候所有可耕地都分配了，新生的家庭成员或新加入的家庭成员（通常是嫁到男方家的媳妇）得不到任何土地。相反，当家庭成员离开时，他们的土地留给了原生家庭。这项政策对农村的妇女不利，因为女性一旦结婚，其夫家并不会得到额外的土地，相反，这意味着其夫家的土地相对减少。在中国农村，土地是农民生存的基础，但是在没有土地的人群中，70%的人是妇女，43.8%的妇女因结婚而失去土地，0.7%的妇女因离婚而失去土地（宋才发，2016）。

在城市化的过程中，大量农村土地被开发，失地妇女得不到土地补偿款，这类妇女维权案件逐年增多。另外，家庭财产权也大部分被男性垄断。95%的房屋所有人为男性。因为没有财产和房屋抵押，妇女通常得不到贷款。在就业方面，非正规就业人口中女性占60%以上。因为是非正规就业，劳动关系非正规化，没有社会保障；而且这样的工作通常是劳动时间长、工资低，处于《劳动法》保护之外。再以福建为例，妇女的收入只占男子的57.1%。农村妇女中没有自己名下土地者占37.5%，高于农村男子15.8个百分点，其中，因婚姻而失地的妇女比例更是高于男子22.2个百分点（王金玲、姜佳将，2014）。

面对中国农村性别不平等的现象，农村社会工作介入的范围非常广。多年来，不同的组织分别在做改善妇女处境和促进妇女充权的工作：有的推动妇女教育和扫盲工作；有的在农村推动预防妇女自杀的工作；有的在积极推动妇女参政，培养女村官（譬如开设女干部论坛）；有的积极推动农村妇女自主性的组织建设（譬如建农家女宿舍、妇女学习阅览室、唱歌跳舞娱乐身心的活动站）；有的积极推动提升妇女技能的工作，到农村开设讲座，建设开发潜能的培训中心，希望促进农村妇女就业；有的积极从经济发展的层面推动妇女组建的合作经济组织和社会企业发展；等等。农村社会工作介入性别问题是复杂的，任何一个项目都无法涵盖农村性别问题的各个面向。以下的案例，只希望读者能够学习到如何将理论和实务结合，尽最大的可能综合地回应妇女的需求。

第三节 中国农村性别赋权行动
——云南绿寨的案例[①]

从 2001 年 3 月开始，香港理工大学应用社会科学系、云南大学社会工作学院和云南省师宗县政府一起推动一个名为"探索中国农村能力建设的减贫模型——云南的个案研究"的行动研究。项目所在的绿寨村位于中国西南地区云南省的东北部，有大约 300 年的历史，是由 8 个自然村寨组成的一个行政村，面积约 23 平方公里。村子只有一条机耕路通往外界。村子的居民主要是壮族，也有少数汉族。根据 2000 年的人口普查，全村共有 347 户 1469 人。

这个妇女充权的行动基本上按照行动研究的步骤来进行，以下是行动阶段的详细介绍。

一 第一阶段：发现在地脉络与妇女的需求

如果按照行动研究的周期界定，这是问题发现与诊断的阶段。最核心的工作是了解社区，与民众建立信任关系，贴近妇女的需求。于是我们在村寨里驻扎，用人类学田野调查的方法，与工作人员一起走访各村寨。经过一段时间的观察和访谈，我们发现村民的生活还不能达到温饱水平，依旧挣扎在贫困线上，所以村子被划为贫困村。一般情况下，每年有 20 多户人家缺粮 4~6 个月。像中国其他农村一样，绿寨村在改革深化时期也在经历巨大的变迁。在主流发展主义意识形态指导下，农村的经济越发市场化，人们的生活方式也越发城市化，这一过程其实给农村带来了深刻的影响，表现在市场经济导致村民面临日益严重的生计问题，城市消费文化破坏了农村的传统文化，出现文化认同危机。

---

① 此案例曾经发表于古学斌（2013），第 1~30 页。

另外，我们也发现，像世界上其他地方的妇女一样，绿寨妇女正经历着贫困。为了增加家庭的收入，她们从早忙到晚，还是无法应付家庭日益增加的开支。自 2005 年开始，村子里越来越多的妇女追随农村外出打工的浪潮，去煤矿或城市的工厂里打工，尽管她们实际上并不希望离开家乡。就像一个中年妇女告诉我们的那样："我实在不想去，如果我能在村子里挣个几千块钱来支持我孩子的学费，我就不会去。离家真让人伤心。"

绿寨的妇女承担了抚养下一代这一最重要的责任，并愿意把她们的每一分钱都花在孩子的教育上。她们还是家庭中的情感支持者和照顾者。母亲被迫与孩子分开，远离家乡到城市里实在是让人悲伤的事情。即使是年纪大点的孩子也感到悲伤，因为他们只能在母亲一年一次回家过阴历新年时才能见到她们。在村子里，看到这些景象，我们思索着如何回应妇女在生计方面的需求，我们前后尝试了不同的增收项目（例如养猪）来帮中年妇女增收和提高生活水平，同时也让农村的经济发展变得可持续。经过与村民讨论之后，我们觉得应该将经济和文化结合起来推动一个新的项目。

2005 年，受到公平贸易发展理念的启发，我们开展了另一项名为"设计与发展"的行动研究，试图利用本土的传统文化来开发新的手工艺产品，一方面使在地妇女家庭的生计有所改善，同时也保护和再生了在地的传统文化。这是我们第一次进行跨学科和专业的合作研究，希望专业设计师能跟我们一起利用当地材料和本土手工艺来打造富有民族特色的手工艺产品，通过公平贸易的途径，让妇女能够得到合理的报酬，同时透过经济上的充权达到性别和文化上的充权。

二 第二阶段：寻找介入的理论视框

在行动研究的第二阶段，我们寻找介入问题的模式和指导思想。我们团队主要由人类学学者和社会工作者组成，大家都持一种共同的视角，那就是社区民众的能力和资产建设（capacity and assets building）。能力建设的视角背后是相信在地社区的民众（不管是贫困群体还是边缘群体）都拥有能力，只是这些能力常常被隐没和未被发现（Saleebey, 1997; Sherraden, 1991; Tice, 2005; Templeman, 2005）。能力和资产建设的框架说明我们从优势视角看待在地社区民众，看到的是其隐藏的各种资产和能力，而不是盯着他们的缺陷、问题和无能（Ginsberg, 2005; Lohmann & Lohmann,

2005；Collier，2006)①，就像斯科尔斯（Scales）和斯惴特（Streeter）指出的那样，农村社会工作者的角色是"揭示和重新确定人们的能力、天赋、生存策略和激情，以及社区的资产和资源"（Scales & Streeter，2003）。所以我们的任务就是致力于充权农村社区，以创新的方式发掘和利用在地的资源，创造新的资产，协助民众寻找和决定自己社区发展的方向。在绿寨，我们认识到绿寨有丰富的文化资产，妇女刺绣手工艺就是其中之一。我们决定透过推动妇女手工艺项目来推动妇女能力建设；透过增加妇女们的家庭收入，来增强社区民众的文化认同。

三　第三阶段：赋权和能力建设的推进

当行动模式和介入方法确定之后，我们进入了最艰难的探求介入策略和执行方案的阶段。其中，发掘和提升社区能力是首要任务，我们希望在行动中推动个人和社区的能力建设，最终达致社区的变革。② 这个阶段的工作可细分为以下几个重要的部分。

（一）通过口述见证发掘壮族刺绣手工艺的文化意涵

项目方案执行初期，我们把重点工作放在发掘传统刺绣手工艺的文化意涵上。因为我们知道，只有明白了刺绣手工艺与妇女生活的关系，我们才懂得去欣赏她们的文化、欣赏她们的手工作品。

在方法上，我们选取了口述见证的方法（method of oral testimony），口述见证是推动社区参与式发展的另类手法，也是一种另类的农村参与式评估（PRA）手法。除了收集资料外，通过口述见证的方法，我们可以聆听到主流话语之外的声音，发掘那些在社区被压制或者隐藏的问题。更重要的是，口述见证也是为社区弱势群体赋权的手法，因为它提供了一条路径，让边缘民众自己发声，讲述自己的故事和见解，在叙述自身生活经验的过

---

① 能力建设的模式已经被广泛运用于社区发展的项目，以推动个人和集体的能力建设（见 Moyer et al.，1999；Li et al.，2001）。和"赋权"、"参与"、"性别平等"等概念一样，能力建设被认为是所有可持续的和民众中心的发展模型的基本构成要素（见 Eade，1997；Plummer，2000）。在我们对能力建设的理解中，我们的基本信念是所有人都有权平等地分享资源，作为自己的主人掌握自己的发展和命运。增强民众在选择中的决策能力以及采取行动达到目标是发展的本质所在。

② 我们也意识到能力建设意味着对人力及其组织的长期投入，所以从2005年开始，我们发育了妇女手工艺小组，陪伴她们走到了今天。

程中，唤醒被访者被遗忘的主体性。口述历史方法也能帮助我们发现和理解一些社区共同拥有的经验和智慧，从而帮助我们更好地利用社区的资源来重建社区。①

口述故事的收集也是社区发动民众和动员民众参与的途径，因为口述故事收集是民众最容易掌控和运用的手法。我们所在的少数民族社区，大部分民众不懂汉语。面对语言上的障碍，② 我们只能邀请民众一起参与口述故事的收集，这样才能够顺利完成这项工作。2001年，我们在社区做过一次大规模的口述故事收集，并且与村民一起编写了一本关于村史的书。2005年我们再次做妇女关于刺绣手工艺品制作的口述故事收集，一切显得驾轻就熟。我们和社区的妇女一起，在不同的寨子访问老妇人。老人家给我们讲述了自己的生活故事，虽然她们一生很辛劳地为生计打拼，但我们从中也看到她们的生存策略和智慧。此外，她们还告诉我们关于刺绣手工艺的事情，讲述她们如何纺线织布，如何绣花，如何自己制作衣服，等等。在老人的房间，还保留着织布机和纺线的工具等，她们还会给我们示范这些手艺。在半年的口述故事收集之后，我们基本能把握过去绿寨妇女刺绣手工艺品制作的整个过程，以及刺绣手工艺背后的文化意涵。

在绿寨，所有针线活中用的布料都是妇女自己纺织的。过去，绿寨妇女从小就被教授传统的刺绣手工艺。她们自己纺布和纱，用从天然的矿物和植物中提取的颜料来染布，制作自己多彩的衣服和装饰品。在老人的记忆中，以前她们自己种棉花，但是由于土地不够，绿寨已经很久不种棉花了。如今她们从市场上购买不同颜色的棉线，然后近邻和亲戚一起帮忙拼线，用手工织布机织自己的七彩壮锦（见图5-1）。现在虽然还有一些老人懂得用天然的矿物和植物颜料染布，但多数妇女只用从市场上买来的化学染剂来染布。

妇女通常会在自己的衣服和日常用品（譬如鞋子、背篓等）上绣花。

---

① 我们在贵州已经尝试过口述见证的方法，觉得非常有效，可参考古学斌和陆德泉（2002）的文章。口述见证和口述历史的方法可以参考 Slim & Thompson（1995）；Perks & Thompson（1998）和 Yow（1994）。

② 当地人说壮族方言，只有很少的年轻村民或者受过教育的成年人可以讲汉语/普通话。因此，我们很难与当地居民直接交流。一方面，这是我们面对的不利条件；另一方面，这也成为我们的优势，因为我们不得不保持谦虚的态度，并且与受过教育的当地居民保持密切关系，后者经常成为我们的翻译。

图 5-1　妇女合作拼线

她们绣花必须先在纸上剪下"样子",然后在上面刺绣。她们使用的颜色和绣出图案富有民族特色,做工非常精致。刺绣是妇女生活的重要部分,也是妇女引以为傲的手艺。绿寨妇女的刺绣图案主要是花朵和她们在日常生活中观察到的其他东西。

通过口述故事收集,我们和参与口述故事收集的其他年轻妇女建立了稳固的友谊和合作关系,我们有了共同努力的目标。在这个过程中,年轻的妇女有机会听村里老人讲故事,并理解传统刺绣的意义。这是一个教育、赋权的过程,妇女们认回了自己文化的根,了解了刺绣手工艺的价值。年轻妇女表现出对老人们的尊敬,并且开始对一代代传下来的文化产生了兴趣。此外,老人们也重建自信心,通过讲述自己的生活故事以及与年轻人分享村子的历史和传统文化,她们重新发现了自己的能力并感到骄傲,后来,老人们也成立了小组,恢复老布的制作,并将技术传授给下一代。

口述故事收集之后我们组织了分享会。我们认为刺绣是一种重要的资源,有几个妇女非常积极地要成立小组来推动刺绣手工艺品的制作。看到她们的积极性,也看到她们刺绣的精美,我们认为妇女手工艺项目具有可行性,于是决定进入下一步——小组的发育。

(二) 妇女手工艺小组的发育

在评估成立妇女手工艺小组具有可行性、发现工具和材料在村里方便易得之后，我们决定组织成立一个妇女手工艺小组，因为我们相信增强合作是妇女能力建设和充权的关键。我们想挑战强调个人主义和竞争的主流发展思维，希望透过妇女手工艺项目推动一种新的集体合作形式的经济模式。我们从之前的经验中汲取教训，决定小规模地开展项目。在与妇女积极分子商量之后，我们确定了项目目标：通过制作刺绣手工艺品增加妇女的收入来支持她们孩子的教育；推动新型的合作主义和妇女参与形式；透过经济的充权提升妇女的能力；保护绿寨的传统文化，增强在地民众的文化认同和自信心；增强消费者绿色消费和公平交易的意识。

我们和妇女领袖凤一起到各寨子寻找刺绣技术好的妇女，邀请她们加入妇女手工艺小组。我们帮助召集了几次小组会议，解释妇女手工艺小组的理念和运作的方式，并且讨论刺绣的工艺（见图 5-2）。妇女（特别是年纪较大的妇女）对我们的合作经济形式没有信心，因为她们对"大锅饭"记忆犹新，同时她们也担心市场风险，总觉得自己绣出来的东西城市消费者不会喜欢。虽然我们不断地解释合作的重要性和保护传统文化的可行性，也不断保证我们会尽最大努力寻找市场，但是最终，只有 7 个妇女愿意参加妇女手工艺小组。

图 5-2 与妇女讨论刺绣的工艺

我们并没有因为这个结果而灰心。因为自 20 世纪 70 年代末以来，在农村家庭联产承包责任制之下，很多农业生产是在个人或单户的基础上合作。农民除了婚礼、葬礼和新年之外很少合作。每户都在自己那块责任田里劳作，并没有合作的文化（Ku，2003）。我们知道，如果想合作成功，必须通过不同的培训和活动来提升妇女的能力。

作为社区发展的协作者，我们通过不同的手段推动妇女发挥主动性。我们协助妇女组织召开会议并讨论妇女手工艺项目的年度计划。我们也承诺给予妇女创业基金贷款，用于购买材料和工具，并报销她们去昆明等地参观学习的花销。

（三）设计和生产过程中的能力建设

为增强绿寨妇女的市场意识，2006年9月，我们支持妇女手工艺小组中的一些成员到著名旅游景点石林去参观旅游手工艺品市场。石林的大部分旅游产品由彝族妇女生产。绿寨妇女探访了当地一家妇女组织，参观了她们制作的刺绣旅游产品和她们的手工艺制作。她们同彝族妇女比较了刺绣中的相同点与不同点，讨论了市场价格，并走访了旅行社的人。在第一次市场考察之后，绿寨妇女得出了几个结论：这些手工艺品质量不是很好，市场价格太低；自己刺绣的风格和技术是独特的；旅游产品是机器生产的，她们的产品完全是手工制作的。这种考察增加了绿寨妇女对市场的了解，也增强了她们的信心。绿寨妇女从比较中发现了自己刺绣技术的优势。

2006年10月，我们的工作人员带了一些她们的刺绣产品到昆明进行市场开发。我们找到了设计师，一起探索如何把绿寨妇女的绣品设计成不同的产品。我们认为绿寨妇女的刺绣非常精美，如果可以开发出一些合适的刺绣产品，一定会受到懂得欣赏的消费者的欢迎，到时不仅妇女可以增加收入，也可以保护壮族的传统手工艺。设计师利用绿寨妇女的绣品设计了四款产品——布制书皮、贺年卡和礼品卡、刺绣镜框和抱枕套。我们把这些样品带回绿寨，妇女们都很高兴，她们兴奋地看到自己的绣品竟然可以变成家居用品和装饰。

我们强调设计师的参与，同时也看重在地妇女的创造力和想象力。因此，原则上设计师并不改变妇女们绣品的样式、色彩和风格。设计师只是基于妇女们的绣品帮忙设计了一些产品。我们也让妇女们自己学习成为设计师，尊重妇女们对于产品的选择。我们告诉妇女们，如果一些产品对她们没有意义，她们可以放弃。设计师的参与只是为了激发妇女们的创造力，从设计师那里学到一些设计理念后，妇女们开始设计自己的产品。设计师设计的四款产品，妇女们可以接受布制书皮、刺绣镜框和抱枕套。但她们不喜欢贺年卡和礼品卡，因为这不是她们的文化，她们对此不熟悉，认为"没什么用"。

2006年11月，我们和妇女手工艺小组一起制订生产计划，并逐步落实。但是，当她们从市场上购买了绣线和布料等原材料、一切准备工作都完毕时，她们突然告诉我们不知道下一步该怎么做。我们明白这是妇女们缺乏信心的表现。于是2007年1月我们带领绿寨妇女再次外出拜访另一家妇女刺绣协会，与其带头人和组织成员进行了深度交流。这个协会已成立3年，有3000名会员，产品销往上海、北京和东南亚。她们从外面的工厂获得订单，然后把工作分给会员。会员的平均年收入为2000~5000元人民币。这家妇女刺绣协会的成功故事再次给了绿寨妇女信心。

回来之后，我们跟绿寨妇女一起做了总结。这次拜访的妇女刺绣协会还是彝族妇女成立的。彝族妇女的刺绣手艺很不错，但她们的针法属于十字绣，跟绿寨妇女的不同。绿寨妇女的刺绣是先用剪刀在纸上剪好图案，然后把剪纸放在织布上，一针针地绣。刺绣的效果是凸面的，跟机器做的很不同（机绣是平面的）。此外绿寨妇女也学习到这个组织的一些宝贵经验，譬如她们组织内部的分工非常细，有三个姐妹负责跑市场，此外还有负责做账的；规定农忙的季节不做刺绣。她们运作的方法也很简单：拿到订单、定好价格后，会员过来拿"活"，完工之后送回产品。这是合作的一种方式。

实地走访开阔了绿寨妇女的视野，并增强了她们合作的信心及组织意识。在此基础上，绿寨妇女发展出了自己的组织和合作方式。后来我们带领绿寨妇女拜访了一家时装公司的经理，商讨合作的可能性；接着在昆明看了一些民族手工艺品商店和花鸟街（昆明最大的手工艺品市场），以此来激发妇女们的创造性，帮助绿寨妇女了解市场上流行的产品。我们还将在昆明开高质量工艺品店的林老板介绍给妇女，希望他作为手工艺品设计者和店主，可以分享一些市场理念和运作的经验。在这个分享工作坊中，绿寨妇女学习到很多东西，譬如做生意的技巧，也了解了三种手工艺品市场——大众市场、高质量手工艺品市场和另类公平贸易（Fair Trade）市场。绿寨妇女在走访中感觉收获很多，得到了很多自己生产产品的点子。

（四）消费者教育和公平贸易的推动

回到寨子后，绿寨妇女热烈地讨论了她们应该瞄准的市场类型。她们最终决定选择制造精品的另类公平贸易市场。对她们而言，大众市场的产品价位太低，而且她们觉得大众市场产品的质量也差。如果做那么丑的刺绣产品，她们会感到羞愧。她们真心希望消费者能够懂得欣赏她们高质量的刺绣产品，更希望价格在某种程度上能反映她们的劳动和努力，以及她们传统文化的价值。

为帮助妇女测试市场，并增强她们与外界交易产品的信心，我们决定在两个国际研讨会上卖她们的产品，同时进行消费者教育。从2007年2月到7月，绿寨妇女做了大量的刺绣产品，例如刺绣镜框、刺绣手机套、刺绣桌布、刺绣垫子和抱枕套、纸巾盒套、刺绣名片夹、刺绣筷子套（见图5-3）、刺绣情人手链等。妇女们短时间内进步神速，而且她们极强的创造性也让人惊讶。她们从设计师那儿和走访过的市场、商店的产品样式中吸取了大量的灵感，成了自己产品的设计者。

图5-3 妇女制作的筷子套

在2007年7月16~20日香港理工大学举办的第15届国际社会发展联盟大会（ICSD）上，我们建了一个销售专柜和展览专柜来介绍妇女手工艺项目并展示绿寨妇女的手工艺品。我们提出如下口号："您的购买将会产生不同！""购买绿寨母亲的手工刺绣产品，支持她们的经济独立"；"购买绿寨妇女的手绣工艺品，让我们与她们成为公平交易的伙伴"。

让人倍受鼓舞的是，她们的产品在大会上受到与会代表的高度赞扬，有很好的销售记录。许多人对这些刺绣产品的生产过程和产品之外的意义很感兴趣，希望更多地了解妇女手工艺小组是如何组织起来的。

在ICSD之后一周内，绿寨妇女的产品又出现在云南大学举办的中国农村社会工作发展国际学术研讨会上。我们做了同在 ICSD 上一样的事情。不同之处在于绿寨妇女参加了这次会议。她们向当地和国际的代表介绍与销售自己的产品。刚开始,一些绿寨妇女很害羞,不敢面对面地跟陌生人讲话。但她们很快克服了这种紧张情绪,当她们看到代表们赞赏她们的产品并想购买时,她们笑得像花一样灿烂。对很多代表尤其是本地代表来说,她们产品的价格比一般的旅游民族工艺品市场价要高很多。我们向参会代表解释她们价格的构成,让他们明白公平贸易的原则——肯定生产者的劳动价值和文化价值,在购买过程中重点考虑的是消除购买产生的不公平,而不单单是价格上的考虑。她们还在会上进行了一次表演,公开响应与会者提出的问题。妇女们的变化让人印象深刻,她们非常勇敢,实现了真正的赋权。

(五) 小组的巩固与发展

在这两次会议上,将已卖的产品和与会代表订购的产品加在一起,绿寨妇女差不多赚了 23700 元人民币。这次的收益对妇女来说是极大的鼓励,然而下一阶段该如何进行呢?如何巩固其组织、规划将来的发展呢?

首先,我们让她们集体决定如何使用赚到的钱。妇女们开始学习簿记和会计方面的技术。去掉购买原料的成本 10000 元人民币,她们每人可以得到 2000~2800 元人民币。最可贵的是,她们决定留下 7000 元人民币作为妇女集体(合作)发展基金。

其次,为了帮助绿寨妇女巩固她们的组织并理解这种合作形式的意义,我们联系了贵州省很有名的杨建红苗族刺绣学校,希望妇女们可以学习该组织的经验。杨建红苗族刺绣学校是一个民间组织,由当地妇女杨建红创办。她的目的是保护传统苗族文化以及增加当地妇女的收入。这个机构主要提供刺绣技术培训,给年轻的苗族妇女提供工作机会。更重要的是,她以社会企业的方式运作该组织,不仅为了增收,也为了给妇女充权,增强她们的自尊和自信。她成功地推广她们的产品,现在产品远销大城市和海外,比如中国台湾和日本。

我们的项目工作员和妇女手工艺小组的成员在 2007 年 12 月去了贵州黔东南州凯里市,到杨建红苗族刺绣学校参观。杨建红女士介绍了机构的结构和运作情况,也介绍了她建立的苗族刺绣博物馆,里面收藏和展览了大量传统的苗族刺绣。绿寨妇女和贵州的苗族妇女坐在一起就刺绣技术与组织管理的经验做了交流。这次参观让绿寨妇女看到了未来，使她们在绿寨进一步推动妇女手工艺小组发展的信心大增。她们受到杨女士的鼓励，也被她这么多年的坚持所感动，开始明白保护传统文化的意义，同时增强了积极参与的意识。

回到村子后，她们做了年度规划，为妇女手工艺小组建立了管理体系和规范，并开始从其他自然村寨招募新成员。她们有明确的分工，例如一位妇女负责簿记和会计，一位妇女负责质量控制，一位妇女负责样式和产品的设计。她们的规划体现了合作精神，也增强了妇女们的集体主义意识、信任、资源共享和主体参与意识。

图 5-4 妇女手工艺小组在开会

2008年7月，我们帮助妇女们建立了一个网站来介绍项目、分享故事、推广她们的产品。从2008年至今，她们成功建立了公平交易网络、开发了选择性市场。例如，她们得到了香港大学学生会、香港理工大学、公平贸易店、香港乐施会、中欧论坛等的订单。她们开始讨论与香港的一家名为"公平交易动力"的非政府组织长期合作，也开始收集传统壮族刺绣的作品，准备建一个传统壮族刺绣博物馆。她们在香港理工大学中国研究和发展网络及社联的商务中心设立了一个橱窗，来展览、陈列妇女们的手工艺品。2010年母亲节，我们与香港地脉基金会、鄂伦春基金会合作举办了名为"母亲与女儿"的循环展，这次展览分别在香港、北京、上海、昆明等地举办，希望教育公众，让更多的人了解我们的理念，并愿意参与到我们的事业中来。

四 第四阶段：行动的总结和反省

我们的行动方案到这里基本上完成了一个周期，行动研究到了评估和检验成果的阶段。经过几年的发展，这项农村社会工作研究基本上按照我们设想的推动妇女能力建设和经济状况改善的目标运作。最让人高兴的成果是发展了一个坚定的妇女核心小组，她们热心于参与妇女手工艺小组的工作，把它看成自己的事业。另外，我们很高兴地看到当地妇女间的团结和合作意识逐渐增强，信心和自豪感逐渐增加。通过推动妇女参与和充权，很多妇女有了把握自己命运的感觉，并对自己民族的文化遗产有了更多的认同。以下是我们看到的结果。

- 从消极接受者到积极行动者。在项目的开始阶段，妇女们认为她们是在为外来社区组织者工作，因此她们只关心可以从我们这里拿到多少钱。现在她们清晰地意识到这是她们自己的项目和手工艺小组，要发展只能依靠小组成员的集体努力。在这个过程中，绿寨妇女发现了她们自身的能力和潜力。刚开始，她们几次要求找些专家来教她们产品设计或简单地给她们设计好模板来模仿，在有机会到各处参观手工艺品市场、与其他少数民族妇女比较后，她们的信心增强了。当设计师的介入最小化时，她们的创造力和设计能力完全发挥出来。绿寨妇女成了本土设计师，并给我们展示了她们在设计刺绣样式、选择颜色和风格方面的能力。项目朝着我们预定的目标发展："在社区中设计，和社区一起设计，为社区设计。"

- 推动民众转向集体主义及增强合作精神。这个项目在村子里革除了个人主义的恶习，推动民众转向集体主义。刚开始，当我们强调合作组织建设时，绿寨妇女表现得都很冷漠，不明白为何要合作。但是，当她们看到合作和相互帮助的益处时，她们开始理解合作的意义。面对生活的压力，妇女们也不再孤单。她们可以一起商量、一起分担，位于绿寨中心的妇女手工艺工作坊成为她们喜欢聚集的地方。

- 使妇女们管理和销售方面的知识得到增长、能力得到提高。在两年训练之后，妇女们掌握了做生意的基本知识，例如成本计算、价格设定、市场风险和产品制造。

- 增强文化认同和文化保护意识。文化认同危机是中国农村发展的另一障碍。在市场经济意识的主导下，文化的价值往往被人们用市场的价值来衡量，价格高、销路好才叫有价值。之前妇女们觉得刺绣没有价值，是因为没有市场，所以大多数年轻女孩不愿学习刺绣。在这一过程中，我们让妇女们看到她们的刺绣是珍贵的，也让她们明白在主流市场没有销路和价钱低是因为大家没有看见手工艺品的文化价值和劳动价值。在我们转向公平贸易的市场后，绿寨妇女看到了自己产品的价值，因为购买她们产品的消费者或团体都是欣赏她们的手工刺绣及其中蕴含的文化意义，而不是看重产品的价格。透过刺绣，她们的收入不断增加，同时也吸引了更多的人参与进来。她们开始吸收年轻妇女，让她们学习刺绣。特别是 2008 年"金融海啸"之后，许多年轻妇女失业回到家乡，陆续参加了妇女手工艺小组。小组成员们很受鼓舞。妇女现在有了文化保护的意识，开始收集古老的绣品和织品，也准备建个博物馆。她们与村庄老年人协会里的老妇人合作，恢复古老的布料生产和染布技术，希望传统刺绣技术可以得到保护和发展。

● **经济赋权与性别赋权**。我们的项目希望透过经济充权使社区的性别关系得到改变，妇女得到充权。我们深知这是一个漫长的过程，但是在这几年中，我们从细微之处看到参与妇女手工艺小组的妇女与其丈夫之间关系的改变。在绿寨，壮族妇女的家庭地位是很低的，家务和农活基本上由妇女来承担。在饭桌上，每次我们都看到妇女总是在男人喝够吃饱后才开始用餐。可是，我们看到妇女手工艺小组成员的丈夫对妻子的态度慢慢有所改变，甚至重视起她们的工作来。我们常看到，当妇女们集中在绿寨中心的手工艺作坊赶工的时候，中午她们的丈夫都会做好午饭，给她们送来。每次跟妇女们聊起这事，她们都笑得很开心。在妇女领袖凤的身上，我们看到她丈夫更大的改变。以前她丈夫基本上不做家务，田也不耕。但自从凤挑起妇女手工艺小组的大梁、为家庭的经济做出很大的贡献后，她丈夫也开始积极起来，除了支持凤的工作外，也参加了我们另一个组织——生态大米种植合作社。妇女们还跟我们分享了她们在经济上独立的重要性，譬如凤说："以前我们腰包里没钱，每次跟老公要点零用钱都很难，还要看他们脸色。到乡上赶集，想买点什么都不行，都要问老公。现在我们腰包有钱了，要买什么就买什么，要上街就自己去，不用理他了，哈哈……"经济上的独立让妇女们有了尊严。我们深深感受到经济独立对她们多么重要，这也是支撑她们走下去的动力。

小　结

本章的主要目的是希望读者大致了解为何农村社会工作需要关注性别的议题；哪些重要的概念可以帮助我们理解农村性别不平等的现象；中国农村性别不平等主要表现在哪些方面。最后，希望读者能够从我们在云南的实践中学习如何在中国农村特定的脉络下用行动研究的方法推动赋权妇女的工作，回应妇女的需求。

从绿寨的故事中读者可以发现，农村妇女贫困的根本原因不仅仅是受教育水平低、缺乏生产资本（譬如土地、生产技术）及市场经济知识等，更重要的是性别文化和主流的话语建构了人们对妇女的刻板印象，使得她们失去对生活过程和发展的控制，变得被动无助。妇女与男性一样，当面对外来发展主义理念的冲击时，对自己的发展道路产生了错误的理解，以为实现农业商品化就能致富，过上城里人的生活就叫发展，外出打工就是改善生活，抛弃传统就是"先进"。这一切导致妇女对农业生产、生活失去了信心，也对传统产生了怀疑。身份认同的危机使得她们非常迷茫，生计的困苦使她们变得悲观没有动力，对发展失去了信心。

因此，为了农村可持续发展，当我们关注性别与发展的议题时，农村社会工作首要关注的不应只是提高生产效率、增加妇女的经济收入，而是应强调妇女的能力建设和赋权工作。我们应努力在经济赋权的过程中提升当地妇女的文化自尊和信心，达致文化赋权和性别赋权。我们在绿寨的农村社会工作只是另类发展和妇女合作的一种尝试。我们相信，发展没有唯一的路径，完全取决于是否能够使当地妇女成为发展的主体，使她们的意识、能力得到提升，以抗拒在现代化发展过程中被边缘化。[1] 希望其他学者在从事农村社会工作时能得到启发，发展出新的方法介入不同处境的农村，帮助妇女实现真正的充权。

---

[1] 然而，行动研究也非常强调研究者的反身性（reflexivity），那就是在行动研究的过程中不断对自身的反映照看。对于反思我们自己行动背后的价值观、我们与村民的权力关系等，恐怕需要花更多的时间整理才能跟读者分享。这些年来，我们也不断对自身的行动做出自我反思批判。可参阅古学斌、张和清、杨锡聪，2007。

思考题

• 女性主义有不同的视角,你认同哪一种?为什么?

• 性别视角在农村社会工作中为何重要?

• 本章案例是如何实现性别、文化与经济的充权的?对你的工作有何启示?

推荐读物

• 李小江、朱虹、董秀玉主编,1997,《平等与发展》,生活·读书·新知三联书店。

• 梁军,2013,《悄然而深刻的变革——修订村规民约的社区实践》,载杨静、夏林清主编《行动研究与社会工作》,社会科学文献出版社,第168~194页。

• 梁丽清、陈锦华主编,2006,《性别与社会工作——理论与实践》,香港:香港中文大学出版社。

• 郑新蓉、杜芳琴主编,2000,《社会性别与妇女发展》,陕西人民教育出版社。

第六章　社会工作与乡村教育*

改革开放以来，中国政府在乡村教育方面取得了很大的成就，乡村教育的好坏常常被中国政府视为扶贫成功与否的关键。因此，20世纪80年代以来，中国政府在教育方面做了大量工作。

20世纪八九十年代的扶贫行动是现代化发展进程中的一个重要部分，目的是使中国发展为现代化国家。1978年中国共产党第十一届三中全会《中共中央关于加快农业发展的若干问题的决定（草案）》指出了贫困问题的重要性，并指出还有一亿几千万人口粮食不足，近1/4的生产队社员人均年收入在40元以下。1980年，我国设立了支援经济不发达地区发展基金来直接拨款支持老、少、边、穷地区的发展；1983年设立了"三西"农业建设专项补助基金，专门针对陕、甘、宁的河西、定西、西海固地区，加强当地的农业、水利建设，克服恶劣的自然环境。1984年中共中央、国务院发出《关于帮助贫困地区尽快改变面貌的通知》，要求各部委落实扶助贫困地区的优惠政策、减免税项等措施。1985～1987年间，又推行了以工代赈政策，以库存积压的粮食、工业品来支持贫困地区民众建设道路、农田水利工程，以劳动换取生活必需品，包括粮食、布料、化肥等。

1986年，国家安排优惠的扶贫专项贴息贷款，由直接拨款改为以贷款来支持贫困地区的经济发展。在同年的第七届全国人民代表大会第四次会议上，首次将扶贫及老少边穷地区的发展写进第七个五年计划中。国务院

---

* 对于农村教育的反思基于笔者从20世纪90年代以来参与中国农村教育扶贫项目的思考。

随后成立贫困地区经济开发领导小组，负责统筹协调各部委间的扶贫工作，地方各级政府相应成立贫困地区开发办公室来协调地方的扶贫工作。1994年4月15日制定的《国家八七扶贫攻坚计划》提出在2000年协助八千万人解决温饱问题。1996年10月23日，中国政府发布了《中共中央、国务院关于尽快解决农村贫困人口温饱问题的决定》。可见扶贫已成为国家的重要工作。

"扶贫"、"灭贫"的行动变成了这二十几年来中国媒体火热报道的话题。乡村教育的落后常常被视为农村贫困的根源，因此在90年代，中国扶贫项目中最突出的是众多的教育项目，譬如希望工程、义教工程、巾帼扫盲行动等，有些项目至今依然是中国农村扶贫的重点。

长期以来，主流话语还塑造了一种观念，农村妇女的贫困与其受教育程度有必然的关系，那就是：女童在重男轻女的传统观念下，失去了上学的机会，没有知识导致妇女愚昧无知、贫困落后。所以，国家和海外慈善组织开展帮扶工作，资助女童入学，女童凭着刻苦的学习，终于能改变贫困的命运。教育因此成为脱贫、提升妇女地位的重要手段。没有外来力量的支持，农村妇女的贫困面貌就无法改变。这种"农村妇女愚昧无知，受传统桎梏，只有通过教育才能解决她们的问题"的观念，也正是上一章提到的"发展中妇女"（Women in Development，WID）的中心思想，而这种思想亦成为中国甚至世界的主流话语。

然而，贫困究竟是什么？扶贫的标准和方法由谁来定？又正如希望工程和义教工程被视为文化扶贫的重要手段，有些地方政府以99.9%的入学率作为文化脱贫的标准，有些以建设备齐全、外观漂亮的校舍作为重视教育的表现。教育究竟是什么？教育的内容和方法由谁来定？

第一节 反思乡村教育

在主流发展话语中，传统社会被视为阻碍农民参与现代化的因素，农民必须通过上学，改变"保守的"观念，加强个人主义的追求，才能符合现代化发展的模式；只有解放在农村社会关系下受到"压迫"的人民，特别是妇女，使她们通过教育向上流动，增强自己的政治及经济力量（Escobar，1995）。在中国，我们看到，当今教育领域也泛滥着主流教育话语，教育被视为提升农民素质的力量。

自 1986 年第六届全国人民代表大会第四次会次通过《义务教育法》以来，教育成为国家的责任，每个适龄儿童，不论男女，都可以接受九年义务教育，免收学费。《关于 1998 年国民经济和社会发展计划及执行情况与 1999 年国民经济和社会发展计划草案的报告》指出："实施科教兴国战略和可持续发展战略：科技进步是经济发展的决定性因素，发展教育是科技进步的基础。世界范围内日趋激烈的经济竞争和综合国力的较量，归根到底是科技和人才的竞争。我国只有大力发展教育和科技事业，把经济发展切实转到依靠科技进步和提高劳动者素质的轨道上来，才能加快现代化进程，缩小与发达国家的差距。"

从中我们可以看出，教育是经济发展的手段之一，并为提升国家竞争力服务。《义务教育法》的推行时间正是改革开放的早期，让全国的学童进入学校，是为了提供将来国家经济发展所需要的人才。而经济发展本身，也是为了提高国家在全球化中的竞争力。主流教育话语变得越来越服务于地区的经济发展，将教育塑造为贫困者的救星，就如以下的迷思（myth）：

● 贫穷，不是罪；穷而无知，才是进步的死敌。教育，是改善生活、摆脱赤贫的最佳方法，也是提升人类素质的基石。

● 那群蓬头垢面的小孩，天真烂漫地蹦蹦跳，每日在山涧石隙中拾荒觅食，将来的日子，只会继续多生产几个泥泞蔽体的鼻涕虫吧！若没有好好学习知识的话。（彭志铭，1999）

彭志铭的看法代表了很多人（也包括社工）的看法，这些论述以"他者化"的笔触，将农村边缘群体描绘成"穷而无知"、"泥泞蔽体的鼻涕虫"，以此肆意地编造"教育神话"。在神话底下，农民必须等待教育的救赎，否则未来仍难脱离贫困。这种主流教育话语，农村的民众也甚为认同。教育在农村意味着对明日美好前景的投资，家长在付出的同时希望在未来能够得到回报，如孩子学历的提升（中专或大学），从而在城市找到好工作，或者回乡寻个高职位（干部），以使家庭的经济收入增加，社会地位可以向上流动，改变目前贫困的生活。这种主流教育话语制造的神话，是受教育机会上出现性别差异的原因之一。

从普及教育至今，教育的神话对大多数农民来说，始终是个遥不可及的梦想。正规教育就是一种层级化和组织化的制度，学生在已设定的教育阶梯上向上爬。这个教育阶梯上有不同的"关卡"。这些"关卡"和向上爬的游戏规则对农村女童的人生经历有很大的负面影响。家长普遍视男孩为自己未来的靠山，而女孩是要出嫁的，成为别人家庭的成员，所以将仅有的资源大部分投向男孩。与此同时，送孩子上学，也代表家中的劳动力减少，许多家务或者农活没人帮忙，所以家庭必须改变分工模式才能弥补因孩子上学而造成的劳动力损失，也就无怪乎有些家长只让女孩在家庭劳动力有余时上学。大专生不包分配后，许多离家外出上学的学生必须回家，重新适应农村生活及生产劳动。在家长眼中，教育迷思早已自我解构。上学不但不能提高家庭的地位，反而要付出一大笔钱；子女上学代表家中其他成员必须承担更多的劳动，以弥补劳动力的损失；学成回家的孩子，学到的知识又与农村劳动需要的技术完全无关。所以到头来，家长眼中的教育话语不过是一套不切实际的说教。

笔者早年在贵州参与教育扶贫项目的时候，也深刻地反思了主流教育的问题。下面详细介绍行动研究的部分会再说明主流教育和扶贫工作对农村的影响及其问题所在。

第二节 教育与农村社区培力

到底什么是教育呢？按对象来区分，可以包括为适龄儿童设的学龄教育、为成年人设的成人教育，以及培训专业技术人才的职业教育。按性质区分，则包括文化教育、技术教育和体育教育等。按办学机构来分，除了政府所办的教育外，也包括民间力量兴办的教育。譬如在农村，就有志愿者团体为农民举办一些种养殖技术培训班和文化班。除了这些课堂教授的形式外，家庭内施行的生活常识和技能教导、社会的道德伦理规范以至交通规则劝导等都可说是教育的一部分。

在农村，许多教育方面的工作集中体现为学校为适龄儿童提供的正规教育，许多社会工作者认为帮助农民学习知识是重要的，农村教育的工作就应该着力于帮助农民摆脱知识上的贫困，挑战农村教育中的性别不平等，让文盲脱盲，让女童能够入学。因此，农村社会工作者的教育充权工作就是举办扫盲培训班，让文盲村民（大部分是中年妇女）识字，学习文化知识。在针对儿童的教育方面，许多时候工作的重点就是筹集资金，资助农村贫困家庭的儿童（特别是女童）重返学校，升学甚至读大学。这些是许多机构在农村教育方面最主要的工作内容。[①]

然而，对于社会工作而言，教育除了一般我们所认为的学习知识、识字和升学之外，还有另一重意义，那就是社区培力、意识启蒙和能力提升。这种对于教育的看法延续了巴西教育学家保罗·弗雷勒（Paulo Freire）的观点，他认为教育的目标是挑战既存的社会关系/权力关系。保罗·弗雷勒曾关注南美社会差异、社会公义和社会转化，提出被压迫者教育学（后称批判教育学）的解放教育理念，他曾这样描述他的被压迫者教育学——"教育永远不是中立的，因为它要不是用来驯服人民，就是用来解放人民的"，因此教育也可以是使社会发生变迁、重建主体意识的行动场域，这就是教育所隐藏的文化政治和解放的可能（Freire，1972）。教育之所以具有文化政治本质，是因为教育者既有可能是国家的代理人（agent），也可能是促成社会变迁（social transformation）的行动者（agent），社区工作者之于社区，就像教育者之于教育，是处在人民日常生活实践的改变与支配的会聚处，亦可作为重塑被禁锢在文化里的农民主体意识的实践场域（Ledwith，2001；刘晓春、古学斌，2007）。

弗雷勒认为传统教育方式不断复制既存的权力关系。他形容传统教育是囤积式的教育（banking education），采用的是一种自上而下灌输知识的方法，因而在性质上偏重于技术理性，强调专家知识，在教/学中则强调教育者的权威，学习者在这一过程中被当成被动的盛装知识的容器，这样的教/学关系忽略了学习者的能动性和主动获取知识的能力，老师变成了教授知识的权威，学生则成了被动的知识接受者，从而压抑了学生的主体性，使教育本身变成一种压迫的工具（Freire，1972）。因此，他倡导一种对话式（dialogue）教育，借由对话式教/学实践（dialogical teaching/learning），唤起学生的批判意识，使他们对自己所处的社会情境和位置有新的理解，从而塑造被主流文化禁锢的学习行动主体。所以弗雷勒在巴西推动成人教育、

[①] 笔者不是否定基础教育的重要性，但教育不应该只有这样的内涵，特别是针对农村的人群。

举办妇女扫盲培训班时说,他不是在教妇女识字,而是教她们解读这个世界(not to read the words, but read the world)(Freire,1996)。

如果承继批判教育学的教育理念,那么农村社会工作在教育行动方面必须以学习者(社区民众)为本,注重教育者/学生(社区民众)在社区实践里共同发现主体性的过程;此外,农村社会工作者在相信学生/民众能成为主体的同时,自己也必须成为自我的主体。这样的教育信念包含了一种对人的信念,即人是能动的主体,并不是制度下的被动者,而是积极主动地与现存制度和文化结构进行互动,从而建立新的教育文化和教学实践。只有教育者持守这样的信念,才会相信有改变的可能性(包括学生和自己),有这种相信才有盼望,有盼望才有内心的坚韧,才能持续强调基于社区发展实践的主体的教育。这背后有社会工作优势视角和能力建设的理论基础,在知识论层面,承袭的则是后结构主义的观点。农村社会工作者(教育者)与学生(社区民众)在对话式教/学情境中,通过对话互动知觉自己的主体性,重塑传统社会/文化建制下的自我,并借由反思科学(reflexive science)的态度,通过持续的对话,认清各种社会知识/权力关系对知识建构的影响,以及不同身份位置在知识建构过程中的局限,由此建构社区发展实践知识(刘晓春、古学斌,2007)。

当我们重新反思教育的内涵和教育对于农村民众的意义后,社会工作在农村教育方面的介入就必须非常小心谨慎,不然我们在农村的工作就会与主流话语同谋。一方面,我们的教育行动再生产了教育的迷思及既存的权力关系;另一方面,我们无法真正帮助在地民众,反而使他们越发失去信心和能力。

第三节 农村社会工作与教育行动
——贵州雷山的案例[1]

一 贵州的田野和早年的工作

笔者所参与的基金会在贵州省扶贫县开展发展工作已有十年之久。该

---

[1] 本案例选自古学斌、陆德泉(2002),第181~210页。

扶贫县是1984年第一批被确定的国家级贫困县之一。根据该县2000年的扶贫展览，1993年该县人均年收入仅为216元，1999年为1160元，已经达到脱贫验收的水平。全县人口137000人，其中主要是苗族，此外，还有侗族、水族等。居民主要以务农为生，农业人口达127000人。全县耕地107317亩，稻田84812亩；农民人均只有0.8亩耕地。

笔者参与的基金会于1988年由一群热心的海外华人在纽约创办，先后在中国台湾和香港成立分会，并注册成为非营利性民间组织。香港的分会在1993年成立，其经费主要靠会员捐献和向社会募捐，成员全部为义务工作者，主要利用假期到内地参与发展的计划。分会的宗旨为："1）以民众为中心，支持中国及其他地区的基层发展计划；2）鼓励当地民众参与，积极开发及运用农村社区的资源；3）协助民众建立持久的组织基础，创造良好的生活环境。"

实际行动与理念往往有一定的距离，我们最初的做法也很保守，一开始的时候我们接触的对象主要是县和乡一级的官员，偶尔会有机会与县、乡、村三级的学校校长和老师交谈，有时候也会到村寨去探访村民。但不管怎样，到学校或村寨都由当地官员陪同，因此我们对在地民众的需求的了解，大部分来自在地官员和学校老师。就算我们直接接触村民，因为言语不通，通常也要由官员或学校的老师代言。因为官员在场，村民通常也只是附和他们的说法。这样的工作手法维持了将近八年。

像其他非政府组织一样，一开始我们所做的事包括基础教育（助学和建学校等）、搞卫生培训班、搞小型基建等。我们的重点是资助女童上学，因为受教育水平通常被视为衡量贫困与否的重要指标，我们也相信农村的贫穷源于教育方面的问题，如果在地民众的受教育水平提高了，长远来讲贫穷问题也应该可以得到解决；另外，我们也看到当地的教育情况反映了性别不平等的关系，因为当时苗族女童失学的情况非常严重，在贫困的村寨，女童的入学比例只有男童的20%~30%，往往在六年级时一个班只剩下一两个女生，甚至没有女生读完小学。我们对苗族妇女的看法部分也来自在地的知识分子和政府官员所建构的观点——妇女是没有文化的；在重男轻女的思想下，她们是受压迫的一群，她们不懂得为自己争取权益。因此，只有支持政府所推动的义务教育，改造这些妇女，才能提高她们的地位，改变当地男女不平等的现象。这种想法和"希望工程"的理念相似，相信只有透过正规教育，才能协助妇女提高地位，改变农村"落后"的面貌。沿着这个思路，从1992年开始，我们首先为当地女童资助学费，让她们进入学校，直至读完初中；继而资助校舍维修、图书室建设及文体设备购置等。然而大量女童入学带来了很多新的问题，例如很多村寨小学没有女老师，男老师不便于管理女生的生活、帮助女生消除情绪困扰等。因此，我们进一步资助每所完小聘请女生辅导员，来辅导女生的学习，照看她们的生活。可是，这些并没有触及农村教育的重点。

受教育机会的改善并没有帮助农村女童克服所面对的困难。家庭对女童的劳务要求仍然限制着女童接受教育的机会，不少女童被迫中途辍学，无法升读初中。尽管有些女童在我们的资助下能念完初中，但之后她们依然没有出路，毕业后回到家中，重复她们母亲的路——等待出嫁，出嫁之后就是生育——她们无法选择自己的路。女生在小学或初中毕业后被迫回家的困扰，有的时候甚至比没有学上更大。一位初中女生这样说："我觉得学得越多，就想得越多……伤心越多。"她们不想步母亲和姐姐的后尘，年纪轻轻便为婚姻和孩子所困。因为她们受了教育，更希望能够外出打工。然而打工虽然带来了一些自由，但打工也使她们身心受到伤害。从她们口中，我们听到农村妇女经常被骗、被伤害的事。有的妇女虽然能够获得一份工作，但在恶劣的工作环境下，她们的内心非常矛盾。

我们希望能够透过教育改变中国农村贫困的现象。事实上，虽然女童们在我们的资助下能够到学校接受正规教育，然而她们在学校所学到的东西似乎对于改善她们的经济生活没有太大的帮助。这反映了当前教材的设计是为了考上大学，而不是为学子的生计考虑。正因如此，小学及初中毕业的女生要升读中专/高中的机会更为父母所忽视。有一位当地民办老师就准确地看到了这一问题，他说："村里很多人觉得读书没有用，他们这样想不是没有道理的。现在的教育只是为了升学考试，很多年轻人读完中学，如果不能继续升上去，回到村里其实跟其他的没有读书的人没有什么分别，甚至还不如没有读书的，他们什么农活都不会做，像一个废人，还要靠父母吃饭……"

二 开启口述故事收集之旅[①]

1999年6月，我们一行11人到贵州项目点上展开了口述故事收集工作，我们这些NGO义务工作者中有大学老师、研究生、本科生和其他职业的人。我们在某扶贫乡妇女中心举办口述历史培训班，参加者都是各个村寨读过初中或小学的年轻妇女，基本上能说普通话。由于这个NGO过去主要与地方的教育部门接触，所以这些参加培训班的妇女是由当地乡政府教育辅导站的官员挑选，一共23人，有的已婚，有的刚初中毕业。一开始官员和妇女们并不明白口述历史培训班的目的：官员认为我们只是下来视察工作，听取报告，搞技术培训；妇女们以为像以往的培训班一样，我们会找一些专家学者来给她们传授农业技术或其他的知识。大家对于口述历史培训班各有自己的理解，我们也无法一开始就跟官员和妇女们解释清楚此行的目的和预期达到的目标，因为队员对口述历史方法的理解和掌握的程度也有差异，大家只知道外国的一些经验、口述历史的意义和自己从未运用过的口述历史技巧，没有一个非常清晰的预期目标。大家其实是怀着战战兢兢的心情，一步步开展工作的。

一开始的时候，也有官员参加我们的培训班，后来他们看到我们不是来视察工作和听报告，也看到我们的培训班不是很"严肃认真"，觉得没有兴趣之后就不再来了。反而是妇女们对培训班很感兴趣，因为我们打破了以往培训班那种沉闷的教学形式，用不同的手法（例如话剧、歌曲、游戏等）让她们明白口述历史的意义，愿意主动去了解她们的处境和追求的东西，也让她们明白自己才是发展的真正主体，真正明白自己社区的需要，而不是接受我们这些来自香港的义务工作者的先入为主的看法。当时培训时，笔者编了一个默剧。因为表演者是香港的学生，他们普通话讲得不流

[①] 口述历史的意义在第三章里已经有详细介绍，这里不再重复。其实在英文文献里，对于口述历史的意见有丰富的讨论，读者也可以参阅Ronald J. Grele在1991年出版的经典著作 *Envelopes of Sound: The Art of Oral History*；还有Robert Perks、Alistair Thompson等人在1998年结集出版的 *The Oral History Reader*，Paul Thompson的经典《过去的声音：口述历史》(*The Voice of the Past: Oral History*)，更是必读书；至于如何运用口述历史于社区发展的行动，建议读者阅读Hugo Slim和Paul Thompson在1995年出版的《聆听是为了改变：口述见证与社区发展》(*Listening for a Change: Oral Testimony and Community Development*)；关于技巧方面的书，可参考Valerie Raleigh Yow在1994年出版的 *Recording Oral History*。

利，发音也不标准，怕妇女们听不懂，所以默剧是最好的形式。默剧的内容是：基金会的主席来到村里，与学校校长和老师交流后，发现学校的设施很落后，于是提议给学校捐助电脑，因为当时许多学者提倡科技扶贫。校长和老师当然很高兴，觉得需求很大。于是基金会捐来了一批电脑。一年后，基金会代表来视察时发现，电脑不见了，找来校长质问，校长把基金会代表带到储物室，发现电脑在里面尘封着。基金会代表询问为何不用，校长说，当地常常停电，而且也无法上网。只有乡政府有电话，可以拨号上网。

默剧演到这里，我们停下来向妇女提问："你们在剧中看到了什么？谁了解你们的需要？"有的妇女举手说"×××基金会主席"。但有的妇女却举手说"不，是我们自己"，"我们自己最知道自己的需要"。

培训启发了妇女们思考，让她们明白自己是社区发展的主体，同时，通过培训，我们更希望在地妇女通过对她们姐妹处境的了解，能够组织起来面对困难、重塑自己的教育和生活，追求生活的意义。

让我们意想不到的是，妇女们很快就明白我们此行收集口述故事的用意。在讨论中，她们也指出以前基金会在当地实施的项目无法完全贴近民众的需要的问题。我们教她们如何使用录音机，如何用录音机去做访谈，以及在访谈中要留意的事项。她们很快掌握了录音的方法，将访谈的工具掌握在自己手中。她们的表现给了我们莫大的鼓励，我们兴奋其实是一种对在地妇女缺乏信心的表现，也暴露了我们这些学院人的无知和偏见，因为一开始我们的确担心妇女是否有能力去掌握这些工具。

外来的社会工作者和在地妇女建立平等的关系并不是一件容易的事情。首先，我们的工作方式有时已经规定了与我们合作的妇女对象及彼此之间的关系。我们不懂当地语言，已限定了合作对象必须是有初中文化和略懂汉语的妇女，排斥了那些没有受过正规教育和不懂汉语的妇女。其次，来自香港的背景、受过大学教育、老师及资助者的身份亦使我们无法摆脱那份权威。我们也尝试努力指出自己的不足——对农村状况、妇女们处境的无知——期望她们主动提出收集口述故事的种种看法；可是在不平等的结构关系中，她们不敢提出自己的看法，而是被我们的空泛及无知想法主导。我们在揣摩她们心中的想法，她们也在揣摩和迎合我们的想象。

为了突破这种限制，我们尽量不把自己看作口述故事的收集人，而是尝试协助妇女成为主动的故事收集员。我们提供的口述故事提纲以妇女的生命历程为线索，只希望引发交谈，不为口述故事的范围设限。我们希望透过妇女故事收集员主动自发的交谈，来反映她们对自身的关怀。

同时，过去我们主要资助女童入学，把妇女们想象成同一的主体，忽略了妇女们之间的差异。实际上，在地社区的妇女们之间差异极大：无论是在年龄、所处的人生阶段、家庭状况，还是文化程度上都存在差异，所面对的处境也不尽相同。因此，我们首先按照生命历程的差别来收集四类妇女的生活故事——在校女生、未婚女青年、已婚妇女和老年妇女。此外，我们也关注同一生命历程的妇女们之间的差异，特别是那些处于困境的个人或群体，例如孤儿、大龄女青年、家庭暴力下的妇女、离婚和单亲妇女、孤寡老人等。

我们和妇女们互相配搭，成立了不同的小组，大家负责收集不同村落和不同年龄段妇女的口述故事。在故事收集过程中，在地妇女变成了研究过程的主体，她们用自己的语言访谈，我们充当配角。故事收集员就好像我们的盲公竹——我们的"触角"，带着我们跋山涉水去感受她们眼中的母辈和姐妹们的生活（见图6-1）。

图6-1 访谈过程

在收集口述故事的过程中，故事收集员发现原来并不是只有自己在面对生活中的困难，村寨里其他姐妹也有着同样的处境。当被访妇女伤心流泪时她们会一起哭，讲到开心的经历时她们会一起笑，一幕幕感人的场面出现在我们面前，我们只能坐在旁边，默默地递上纸巾。这正是口述历史方法双向的、共同参与的过程，过程中也提升了故事收集员和她们的姐妹的共同感觉（we feeling）。她们所收集的姐妹们的故事，就像一面面镜子，反映着她们的感受。面对村寨里的姐妹以及那些已经或未来将发生在她们身上的遭遇，故事收集员流露出了那种"平平常常的伤心"。

妇女们带领我们跋山涉水跑遍了全乡九个村寨，探访了不同的农户，访谈了不少妇女。我们住在村民家中，与妇女及其家人同食、同睡。妇女们敞开心扉说出心里话，我们之间建立了深厚的感情。几天下来，我们一共收集了60个妇女的口述故事。回到妇女中心，我们依然充当配角，因为录音的整理还得靠妇女们。

把苗语录音翻译成汉语文字，让我们这些外来的工作者了解她们收集的故事，这一过程导致形成一种新的支配关系。由于汉字不是她们熟悉的表达工具，毕业很久的妇女觉得文字整理是一件非常困难的工作，但后来克服了种种的困难，年轻的妇女和年长的妇女互相配搭，你说一句，我写一句。我们后来也加入了文字整理的行列，她们听录音，我们书写。妇女们再次发挥出潜能和合作的精神，她们只用了两天的时间，就差不多把所采访的口述故事用文字整理出来了（见图6-2）。在这一过程中，我们也意识到自己的局限，从录音到文字、从苗语到汉语的繁复整理过程其实并非妇女们的需要，而是我们这些外来者的需要。

图6-2 妇女在认真转录访谈录音

三 妇女口述故事对于农村教育的启示

苗族妇女的口述故事加深了我们对她们生活意义的了解，这里着重讨论其对教育项目的启发。很多时候我们轻易地把自己的想法（例如对教育、创收、打工等意义的理解）加在她们身上，但是仔细阅读她们的故事、参与故事收集员的讨论之后，发觉她们的想法其实和我们的不尽相同。虽然我们和在地妇女表面上都好像认同教育的意义，但是实际上在地妇女之间对教育的看法与我们大相径庭。大部分妇女（包括家长及学生）非常清楚升学的机会非常小，她们不会看重升上初中及高中的机会，加上学习内容以升学为主要目的，所以她们从教育中获取的意义截然不同。

失学和在学女童虽然都表现出对教育机会的珍惜，但是她们对教育意义的看法与我们非常不同，从而让我们了解到为什么正规教育及以前所做的项目对她们来说没太大用处，但是学习本身可以使她们摆脱繁重的家务劳动。正规教育是为了继续升学，以考试为目标的学习虽然学不到她们真正需要的知识，但初中文化及学到的汉语却为外出寻找工作创造了基本条件，而且在学校中的生活也使在地妇女开阔了眼界。

2000年，我们为初中毕业的学生举办了一次分享活动，让毕业同学用画图的方法来表达对未来的期望。有一个同学画了一只高飞的燕子，她说希望成为一只"小燕子"，去认识更广阔的世界。在她们眼里，并不一定期望通过学习获得什么谋生的机会，对她们而言，学习提供了开阔眼界的机会。

口述历史也可以让我们看到一些被湮没的生活领域。在讨论她们姐妹的遭遇时，我们更深刻地了解"苗族文化"的内部东方主义（internal orientalism）对在地妇女的影响。[①] 知识分子、地方干部往往把苗族的传统生活方式，积极的便说是苗族的独特文化传统，是苗族妇女所珍重及乐于维持的；负面的便说是苗族残留的封建文化，是苗族妇女不想改变。在收集的口述故事当中，苗族妇女在不断怀疑和挑战"苗族文化"符号所施加的压力。喝酒是苗族的生活习惯，往往被主流的文化论述说成是苗族好客热情

---

① 此概念来自美国人类学家 Louisa Schein，其 2000 年的作品 *Minority Rules: The Miao and the Feminine in China's Cultural Politics*（Durham: Duke University Press）写的就是贵州苗族。

的象征，苗族妇女往往被刻画成喜欢喝酒、愿意为家庭利益牺牲、对丈夫逆来顺受的形象。实际上，很多中年妇女讲述的故事不是逆来顺受，而是诉说她们承受的痛苦。有的丈夫喝酒后打老婆，其中有把老婆打得很严重后感到内疚甚至去自杀的。这些文化对家庭造成很大的伤害，也是很多妇女苦闷、伤心的原因。

苗族妇女对丈夫酗酒、赌博及家庭暴力深恶痛绝。近年来，苗族男性外出打工的情况较普遍，家务及农活完全落在苗族妇女的肩上，她们承受着沉重的经济及情感压力。其实，她们对离婚的概念并不陌生。当英和发（当地妇女，口述故事收集员）问起张（当地妇女）与丈夫之间的关系时，就有下面一段对话：

英（故事收集员）：他对你怎么样？

张（当地妇女）：他对我很不好，经常去赌博，我讲他来就挨打，我根本讲不动他，我只好忍痛去干。

发（故事收集员）：如果讲他不听了，他又不对你好，那你有没有其他想法？

张（当地妇女）：我讲他不听，我们之间根本不存在和谐的家庭。我几次想逃出这个家庭，但逃不出去。有一次，我逃走到西江，他的姐和弟来挡住了我，我只好回来。回到家有很多的考虑，一个人苦了到哪里也是这样，没办法，看这两个孩子在就行。

不是当地苗族妇女愚昧无知，不懂得维护自身的权益，事实上，不少感情和婚姻破裂的苗族妇女曾经考虑过离婚，可是，现实中的困难限制了她们的选择。在情感上，很多妇女离不开孩子，担心离开后丈夫不能好好照顾孩子。另外，经济上的考虑也很重要。由于土地承包制度并没有分配土地给外嫁的妇女，而是按照妇女依附夫家的习惯来分配给丈夫的家庭。而且，由于土地分配的灵活性小，村内很少因应嫁娶的人口变动情况来再分配田地，通常，家户内部的再分配成为主要的再分配方式。外嫁女的田地成为儿媳妇的土地。假如妇女离婚回娘家，不但不能再获得土地，反而会被娘家看成额外的负担。假如没有其他经济来源，没有独立的谋生基础，她们就必须忍气吞声。

此外，提出离婚的妇女往往面对严重的暴力威胁。一些妇女非常害怕丈夫对她们提出离婚后进行暴力恐吓。淑仪说当她提出离婚的时候，她丈夫恐吓她说，不但要她死，还要她的家人死。所以，离婚不是没有想过，而是不敢想。

当我们和故事收集员讨论这些姐妹的遭遇时，她们流露出对婚姻的恐惧和无奈。对很多少女来说，婚姻不是她们的选择，而是家里要求她们，或是她们为了减轻家里的经济压力的安排。

英（故事收集员）：除了这样的想法外，还想有婚姻的打算，想了没有？

龄（当地妇女）：没有的，现在还小，只想在家里做家务的，帮助父母亲一点，不想没有机会上学就马上嫁出的，这真对不起老人。父母亲也从小到现在都坚持我们的（不用不上学就马上出嫁）。现在人大了，事情多了，他们也没有办法，只好这样做（出嫁）。不应该说父母看我们不起的，我对这个婚姻一点不关心，我的大哥比我大，还没有结婚，我想等他结婚以后，我跟大嫂一起做活路的，我们女孩子一定（要）嫁出去，想在（不嫁，留在家里）也不得在的……（哭……）（很悲伤）这些是我根本想到的。

口述故事收集也让我们了解到不同年龄段妇女的不同需要。每个人的生命历程里都有自己觉得很重要的阶段，对于苗族中年妇女来说，她们重要的人生阶段便是生育阶段。目前，当地苗族妇女在生育时仍然以古法接生，她们会用未经消毒的剪刀剪断婴儿的脐带，由于易感染破伤风，所以小孩容易夭折。她们在回忆时，强调生育是很重要的阶段，同时这也可能给她们带来极大的痛苦，留下难忘的经历（见图6-3）。

除了生育问题以外，当地苗族中年妇女还要面对家庭暴力，这些都是我们过去没有听到的。老年妇女表达的需求跟中年妇女不一样，她们主要关心自己的健康及孙儿们的生活。

我们也看到在地妇女在参与口述故事收集的过程中发生的改变。一开始接触她们的时候，她们不断强调自己什么都不懂，没有文化，觉得自己无能，似乎完全认同了社会给她们建构的形象和贴的标签。在口述故事收

图 6-3　妇女听别人的故事就是自己的故事

集的过程中，她们掌握了访谈的工具，成为过程中的主角，她们的自信慢慢建立起来，觉得自己是有能力的，而不再是像外人所论述的那样无知落后。

被访妇女也在交谈的过程中找到了自己的空间，重新回忆整理自己以前的历史。她们也开始发现自己原来并不是完全没有用的人。她们辛辛苦苦地把孩子带大，在艰苦的环境下依然勇敢地面对生活，她们重新发现了自己的能力。口述历史的方法让她们自由地使用自己的语言、能表达自己情感的任何工具去表达自己情感的需要。对于社会上那些最脆弱和边缘的群体来说，口述历史是一种有效的方法，因为这些人通常无法掌握用来书写的文字，这一方法能够让她们突破文字的限制，充分发挥自己的创造力；同时对生活的诠释权重新回归弱势群体，让她们用自己最熟悉的方式表达自己的所思所想。一位老婆婆就用一首歌来表达自己的情感和生活上的担忧：

（吟唱）：
多谢你们来看我，
也像我死的儿来看我那个样；
多谢你们从香港来看我们的老人家，
我们是很苦的老人；
多谢你们来看我，

就像我死的儿醒来看我了；

多谢你们来看我，

来支持我家的孩子上学；

没有你们来支持，

我们没得钱送他上学去。

四　从口述历史到另类教育的行动

收集的口述故事在录音整理后，更重要的步骤便是我们跟这些农村妇女一起读她们自己的故事，从故事中发掘她们的需求，让她们成为我们开展农村发展工作的伙伴，跟我们一起商讨未来在农村实施的项目，同时也让她们把握自己未来发展的方向，成为发展的主体（见图6-4）。在口述故事收集之后，我们与妇女们一起设计了几个发展项目：第一是扫盲夜校；第二是接生员的培训教育；第三是文体活动项目；第四是农业创收的培训教育。当时持续推进的是扫盲夜校。

图6-4　妇女讨论收集回来的故事和未来的发展方向

有些妇女提出扫盲夜校的构想，是因为识字、算术跟农村妇女的日常生活有很大的关系。由于很多中年妇女是文盲，不识字，也不会简单的算术，她们到市场买卖时经常被骗，即使知道被骗也没有办法，所以中年妇女认为重点工作是学识字。在这一过程中，我们关注的不是她们在各科目上是否及格，而是要帮助她们真正解决生活中面对的问题。在贵州山区九个村寨的夜校，我们请当地初中毕业的女生（当初由我们资助读完初中）当老师，由她们来服务本村的姐妹。至于扫盲的课本，起初由政府提供，但对于农村妇女来说，课本中的字词太艰深，即使初中女生也看不懂，中年妇女就更难明白了；后来为了容易理解课本中的内容，她们提出重新编写课本。新的课本删除了一些不实用的部分，并且加了很多插图，将文字内容画出来，利用她们自己生活中的物品、图像去表达文字，使夜校的学员更容易理解；算术也同样是用图像来表达，这样可以使她们比较容易接受。

后来农村妇女觉得学习算术跟文字并不够，有些人提出想学农业技术，她们希望在夜校里可以学习农业技术知识，但是开展农村发展工作的我们并不掌握相关知识，所以便跟妇女们一起去寻找老师。在村内，我们找那些懂的人（例如农技员）去问，并且把农技员所讲授的农技管理步骤录音，然后跟她们一起将农技管理的步骤整理出来，用图示的方法编写田间管理知识。在整个过程中，在地妇女是完全参与进来的。

农村妇女也关心居家安全的问题。在农村里经常发生意外，因此她们需要居家安全方面的知识，例如触电时的处理方法，夜校老师和我们就将有关的知识画出来，把知识生活化、图像化。另外，妇女们也需要对法律知识有所了解，因为在家庭暴力出现后，她们不晓得如何处理，所以妇女们要求把《婚姻法》的重点内容抽出来，让她们有初步的了解，掌握以前无法获得的法律知识。

夜校持续了好几年，依然面临重重困难。夜校老师不断流失，年轻的夜校老师依然为了生计或其他目的跑到沿海一带打工。另外，夜校学员的流失情况也很严重：有的学习汉语主要是为了方便到外地打工，有的是对夜校的传统学习方式不感兴趣，有的是因为做农活和家务的压力太大，有的是丈夫阻拦。而且，夜校老师感到无法教授课本的内容，无法摆脱传统的教学模式，无力回应学员的实际需要。可是，夜校在各个村寨的实践也产生了多重实践的意义：有的变成了弥补当前和过去失学妇女缺憾的补课场地，有的成为外出打工妇女的汉语补习场地，有的成为农村妇女短暂逃避繁忙的劳动、一起喝酒唱歌跳舞的场地。

我们知道在摸索和基层妇女合作的道路上还有很多困难，用口述历史的方法介入夜校成人教育只是第一步。要构建那种真正与在地民众平等的合作关系，让每个当地苗族妇女真正说和写自己的故事并且参与在地的教育与发展，需要我们不断反思自己的想法和做法。

小　结

教育在农村社会工作中扮演着非常重要的角色。农村社会工作除了回应乡村民众教育缺失（包括教育中的性别不平等、失学、辍学等）的问题之外，更重要的是通过教育，提供回应当地实际需要的课程，培养民众参与的意愿、转变民众的意识、提升民众的自信。

思考题

- 你在农村参与过推动教育的行动吗？那是怎样的一种教育？
- 农村教育与社区发展的关系是什么？在本章案例中你有什么发现？
- 如果让你设计一个农村社会工作介入乡村教育的方案，你会怎么设计呢？

推荐读物

- 保罗·弗雷勒，2003，《受压迫者教育学》，方永泉译，台北：巨流图书出版公司。
- 李金铮，2004，《晏阳初与定县平民教育实验》，《二十一世纪》（香港中文大学）10月号，第64~73页。

第七章　社会工作与乡村文化发展[*]

我们通常把文化分为物质文化（material culture）和非物质文化（non-material culture）。这里所说的文化，除了大家一般所理解的物质文化外，更多的是把文化理解为一种观念、信仰、价值观、世界观和意识形态，或者更浅白地讲，是一种我们对周围事物的认知/认识；另外，文化研究也认为它是意义生产的一种实践。

文化是社区生活的基石，是社区团结的力量，承载着整个社区的有机生命，维系着社区内部人与人之间的交往与互动。传统的农业社区，其实就如社会学始创人之一滕尼斯论著中的理念型社区/共同体（Gemeinschaft），指的是社群中人们相互拥有和享用的一种生活方式与日常生活实践，是在母子、夫妻、兄弟姊妹及与邻里、朋友的社会关系等感知（feeling）基础上集体创发与积累形成的，是真实与有机的生活（real and organic life）在"生命世界"（Lebenswelt）的体现（Tönnies, 1988），也就是文化研究大师雷蒙德·威廉斯（Raymond Williams）所说的，是真实人群经年累月互动与投注（invest）的结果——这个真正的"生命共同体"绝不是今天很多社区发展工作者认为的那样，可以轻易被破坏、被重建和营造（Williams, 1983）。

这一章中，笔者将探索农村社区在现代化过程中面临的文化危机，然后介绍农村社会工作如何回应农村社区面临的文化议题。因此读者在阅读此章时需要思考：

- 文化是什么？文化危机的表现形式是什么？

---

[*] 此章的部分内容改写自古学斌的《总论：平寨人都来讲村史》（参见张和清等，2007）。

- 社会工作为何要介入文化议题？

第一节　现代化与农村文化危机

在传统发展研究中，文化常常是被忽略的一个非常重要的面向。近年来，不少发展研究的学者开始关注文化与发展的关系，像艾思古巴（A. Escobar）、班奴锐（T. Banuri）、丝戈琦（S. Schech）和哈姬（J. Haggis）等借助福柯对知识、真理和权力的分析，不再把发展问题只看成政治经济学的问题，同时还将其视为文化的问题。他/她们解构了发展主义背后的文化霸权统识（hegemony）——一种认为经济发展/增长是社会进步的必然条件、西方发展模式是先进社会模型的信念。他/她们认为这种信念主宰了我们的思维，支配了人类的历史进程（Escobar，1995；Banuri，1990；Schech 和 Haggis，2000）。[①]

在现代化发展理论这个大阵营中，大家有一种相近的观念认知，将社会发展看成阶段性的改变，预测每个社会都将从简单、停滞、不生产和落后的"传统社会"进化到兼具科技性和制度性的繁复的"现代社会"。在发展的过程中，市场的介入程度将越来越深；科技、知识、资源和组织管理形式也从"发展"国家被引进到"低度发展"国家。在经济意义上，将逐步从小规模和自给自足的农业经济转变为大规模和以市场为导向的经济。

这种发展主义的论述也将我们所处的世界构建为"发达"与"不发达"、"发展"与"不发展"等二元类别。西方社会被描绘为文明、民主、高效和高生产力水平的社会；相反，第三世界国家（大部分处于农业社会）被描述为野蛮、未开化、贫穷、生产力水平低的传统社会，多样的农民也被化约为"小农"、"文盲农民"等。这种构建其实为我们提供了一套认识这个世界的标准，西方社会的发展路径变成了唯一"正常的标准"，凡不合乎标准的社会都被贴上传统社会、未开发社会的标签。因此，要踏上富强或现代化的道路就必须以西方工业文明为目标，采纳与西方发达国家相近的知识系统和技术，发展科技，发展工业，建立市场经济。这套发展主义

[①] A. Escobar（1995）的著作有中文版《遭遇发展——第三世界的形成与瓦解》，Schech 和 Haggis（2000）的著作也同样有中文版，为沈台训译的《文化与发展：批判性导读》。

的话语变成了一种类似真理的东西，不只西方社会的人们相信，连发展中国家的民众也接受了这种说法，自认为是落后的，是需要被开发和发展的，并积极付诸行动参与到发展的计划中。

就像印度学者古塔（Gupta，1998）所言，"不发展其实是一种身份，它告诉人们一些关于自己的意识。今天人们思考自己是谁，应该如何过活，应该做什么来改变自己的生活等都已深深地被制度、意识形态和发展的实践所形塑"。主流发展主义话语为中国农民建构了一种边缘身份——无知、贫穷、落后、愚昧。这个别人赋予的身份，今天已经不断地影响一些农村社区发展的方向；在个人层面，不断形塑着农民如何看待自己和当地文化。

我们在村里的时候，就看到村民自己看不起自己，看不起自己的传统文化；一批批的青年，渴望离开自己的社区——养育自己的"生命共同体"。他/她们有的出走之后，就再也不愿意回村里了，就算回来，也是带着外人的眼光来看自己生长的地方。对自己社区传统文化的嘲弄，接受别人赋予自己的身份标签来否定自己的文化身份，听起来是多么的讽刺和令人心酸。最后的结果恐怕就是他/她们被慢慢地同化，他/她们的文化慢慢消失，整个社区被瓦解。在这种发展主义文化不断生产和再生产的过程中，大部分中国农民已接受了别人为他/她们建构的形象，自我否定、自我矮化。今天，当我们在不断倡导扶贫灭贫、农村发展的时候，如果不去反省发展主义的论述，重新发掘、保护和肯定农村社会及其文化，让农民群体寻回自己的价值和能力，进而成为有历史自觉、文化自尊和社区自信的群体的话，一切发展的结果就只能是再度否定农村社会，强化农民的边缘性。

第二节　农村社会工作与文化介入

社会工作专业也谈文化议题，谈如何更好地服务不同文化背景的社群。与文化议题接近的领域有多元文化社会工作或民族社会工作，其中谈得最多的是文化敏感性（cultural sensitivity）的问题（O'Hagan，1999；Butler & Molidor，1995；National Association of Social Workers，2001；College of Nurses of Ontario，2005）。因为社会工作专业是一种助人专业，如果在实务工作中缺乏文化敏感性，我们就会把自己的文化价值和行为观念强加于案主/服务对象，形成一种文化上的侵略或压迫，更严重的可能对案主（client）造成重大伤害（见 O'Hagan，1999；Jackson & Lopez，1999）。因此，在社会工作的专业训练中，课程设置皆致力于培养和提升社会工作学生的文化融通（cultural competency）能力，消除学生对异文化的偏见，让学生认识到不同社会群体或族群的文化差异及其背后的意义，从而使学生更好地发展，具备专业能力。在提供服务时，能够设计出适合特定社会群体的项目，以更好地回应他/她们的需求，协助他/她们面对各种不同的困难（NASW，2001；Davis & Donald，1997；Gallegos，1982；Gutierrez & Lewis，1999）。

然而，社会工作对文化概念的引入还是相对聚焦于服务手法和技巧，并没有从宏观的社会发展角度去认识农村社会工作介入文化与发展的重要性和必要性。另外，笔者认为，在社会工作专业中对于文化敏感性的论述存在两个关键的问题：第一，社会工作谈文化敏感性的时候，假设文化敏感性就像一般学科的外在知识，通过学习与训练是可以获得的；第二，文化敏感性的问题只是针对异文化而言。然而，在实践中，我们越来越怀疑文化敏感性是否只是一种外在知识，是否通过课堂训练就可获得，文化敏感性的问题是否只是针对异文化的环境而言，在自属的文化处境下，我们是否就没有文化敏感性的问题。

在本土人类学的讨论中，许多人已经意识到文化的问题不只在不同文化或不同族群之间才存在。就算我们置身于自属文化的社会中，也同样需要正视文化的问题（潘英海，1997；古学斌、张少强，2006）。中国台湾人类学者潘英海（1997）认为，其实本土人类学置身于田野当中，也常常会对本土文化产生一种陌生的感觉，甚至有错误的认知和理解。在这种情形下，本土田野工作者仿佛与西方人类学者有类似的经历，那就是在认知上与心理上的震撼，也就是所谓的"文化识盲"（cultural illiteracy）。借助人类学的概念，包括笔者在内的一些学者挑战传统社会工作对于文化的理解，认为社会工作在介入时常常面临文化识盲的问题，在云南农村的实践让我们深深地感到除了需要细致了解村落文化的内涵和运作、敏感觉察在地村落文化的重要性之外，更加需要自我反思专业知识的盲点和陷阱。只有这样，才能够真正了解当地社区的问题，社会工作才能够在中国农村扎根，真正帮到中国老百姓（古学斌、张和清、杨锡聪，2007）。

对于农村文化在现代化发展中面临的危机，许多农村社会工作学者提出了文化复兴、保护或抢救的说法，然而由于他们对于文化的理解还停留在物质文化（如建筑等）或者文化的表现形式（如手工艺、歌曲、舞蹈等）上，所以推动的工作就是保护和传承这些传统文化。这里存在一种质疑：如果农村社会工作只是做文化保护和传承，那跟文化工作者所做的工作有何区别呢？笔者认为二者既有重叠也有区别。重叠的部分是农村社会工作当然也保护文化，但是我们不单把文化看为一种有形的、物质的文化，还将其理解为一种观念、意识、信仰、价值观、世界观和意识形态，是意义生产的一种实践。因此，我们更看重的是如何透过保护有形的物质文化，提升在地民众的意识，提升他们的文化自觉，增强他们的文化自信，挑战主流的意识形态，从而捍卫文化正义，促进多元文化共存。

以下，笔者就以云南的案例来说明：为何农村社会工作必须回应文化的议题？其回应的重点与一般文化工作有何不同？

第三节 农村文化与发展行动
——云南师宗的案例[1]

这个案例的田野也是本书第五章案例里云南那个名叫绿寨的壮族村落。此村落位于师宗县，当初，团队为了扎根农村、探索中国农村社会工作的理论与实践，选取了这个贫困山区的少数民族村寨。它与中国众多贫困农村一样，面对现代化的冲击，经济上面临不可持续的危机、文化上面临被破坏和身份认同的危机。在这一案例中，笔者将展示农村社会工作是如何介入文化议题的。

一 辨识农村的问题——发展与文化认同危机

过去，外面的世界对这个云南偏远山区的农村并没有多少影响，因为村民除了到乡上赶集，很少外出。当地的文化，比如服饰、语言和生活习惯都是一代传一代。但是，改革时期的中国村庄不再对外界封闭，除了现代技术对农村的巨大冲击之外，消费浪潮同样在很大程度上改变了村民的思维和生活方式，强化了村民的文化认同危机（Davis, 2000; Croll, 2006）。另外，外出打工和上学、旅游开发等，都打破了村庄过去的宁静，

---

[1] 该案例曾载于张和清、张扬、古学斌、杨锡聪（2007）。

改变了绿寨村民的生活方式和观念。在村里，我们能看到传统文化被外界的"现代"文化"入侵"的现象。

政府着力发展的"村村通"电器工程，使得村民可以放眼外面的世界。电视上所显示的并植根于主流话语的所谓"现代"和"先进"的生活方式与村民的生活方式形成了鲜明的对照。村民以为都市的生活方式才叫"好"，才叫"幸福"，反观自身的村落，许多村民认定农村是"落后"、"贫困"和"不好"的。特别是年轻人，他们正积极地摆脱自己的传统、摒弃自己族群的文化，希望通过自我改造，变成都市人（Ku，2003；严海蓉，2000）。

我们在本书第一章中，对于在现代化发展过程中农村传统文化的消失和农民身份认同危机已经有充分的描述，这里不赘述。面对农村这种状况，我们希望能找到一种发展的途径：一方面能保护在地社区的传统文化；另一方面可以增强在地民众的文化自信，同时也能够达到经济上的赋权。

二 大家都来写村史——我们的文化行动

有鉴及此，我们在绿寨开展了一系列文化与发展行动，希望能够通过这些行动增强绿寨人的自我认同和信心。受到英国非政府组织 Panos 的 *Listening for a Change* 和中国台湾尤力·阿冒等《大家来写村史》的启发，我们在 2004 年开始启动"绿寨人都来写村史"行动计划（以下简称书写村史计划），试图通过试验性的民众写史运动，进行从草根重建文化自觉和社区认同的新尝试（Slim & Thompson，1995；阿冒等，1998）。

这个计划由笔者和绿寨项目工作员策划、村民协助，希望让社区村民透过实际的活动和工作参与，去追寻、挖掘、发现和重建绿寨的村史。我们这里所讲的村史，并非传统意义上人们对于所谓大历史的理解。对于我们而言，并没有所谓真不真实、完不完整的村史，只有不同人对于自己村落过去的不同记忆和理解，村里的故事不像大历史只有一个版本，它是集体的建构，是社区村民关于自身的、家族的和社区的共同记忆。这些共同记忆包含了村民对于村落的神话传说、历史事件、风俗节庆、民歌小调、手工艺甚至村中一草一木的叙述。

这个计划前后断断续续实施了两年。

从 2004 年暑期开始，我们借助香港理工大学与北京大学合办的第二届社会工作硕士（中国）课程5位在绿寨实习生的力量，启动第一次村史的收集工作。初次推行书写村史计划，大家心里都没有底。由于大家对于村史都有各自的理解，我们也无法一开始就向实习生、村民和工作员解释清楚计划的目的和预期达到的目标。队员对村史的理解和对收集村史方法的掌握程度也有差异，唯一可凭借的是以前积累的一些经验。大家怀着战战兢兢的心情，一步步开展工作。

一开始的时候，我们发动了一些村民特别是年轻人参与到我们的计划中，实习生运用社会工作的小组工作方法，对村民做了收集村史的方法与技巧培训；然后实习生与村民一起配搭，组成不同的小组，到各村寨去收集村史。我们希望通过收集村史的过程，能够收到村民参与、组织发育及能力提升的效果。因为我们的实习生都是外来人，不懂当地的语言，所以这正好是一个很好的转化我们与村民之间主客关系的机会。在村史收集过程中，村民变成了计划实施的主体，他们承担领路人和采访者的角色。采访时，他/她们用自己的民族语言访谈，我们只能充当配角。村民好像是我们的带领者、我们的"触角"，带着我们跋山涉水去寻找村中的老人，去寻找自己祖先的故事。村史收集回来后，他/她们把这些故事转录整理成文字。

第一次收集村史的工作随着实习生实习结束而完毕，不过当时已经凝集了一帮对计划有兴趣的年轻人，成立了村史小组。接着，工作员继续跟进计划，发动村史小组的年轻人开展写村史活动，并且与影像活动相结合。工作员和村里的年轻人一起拍了很多关于绿寨的相片，接着他/她们在绿寨中心举办了一次摄影展活动。相片可以发声。通过摄影展，村民从另一个角度看自己的家乡。他/她们发现"原来我们绿寨是这么美！"这是我们听得最多的一句话，一些参加了中心活动的老人看到自己的相片，觉得很开心。有一个村民从工作员那里拿到一张绿寨的风景照，就四处炫耀："看，这就是我们绿寨的风光！"

书写村史计划之后断断续续地进行，直到2005年暑期的另一次实习，才真正实现了一次跨越。我们在另一届社会工作硕士（中国）课程5个实习生的协助下，再次开展绿寨人都来写村史活动。这一次我们有了更细化和清晰的目标，希望通过这次活动，能够发掘地方性知识，并在绿寨进一步开展另类教育；开展合作叙事，集体重建自己的历史记忆；保存绿寨的传统文化，并且长远来说，使当地人增强对本民族文化和历史的了解与认识，增强对自身的认同感与自信心。另外，我们要编写村史，使它成为一种另类的乡土教材，与我们的小调①和夜校的项目相结合。

　　这次实习，在原有的口述历史和书写村史的基础上继续开展工作，将 2004 年夏天所收集的村史进一步分类、丰富、补充和修订。按照乡土教材的初步构想，对应不同部分成立若干小组，由工作员、实习生与村民一起开展工作；确定村史收集的内容，包括壮族的来历和近百年绿寨大事记、"老人房"等民间宗教活动、"三月三"等节日、绿寨的自然风貌和婚丧嫁娶习俗，还有"壮锦"、"银饰"等和妇女劳动有关的习俗。我们这次村史收集活动也结合了"孝布改革"的项目，把老年人协会吸引过来，让老人们也成为收集村史的骨干力量，把绿寨丧葬仪式与尊老敬老的习俗一一记录下来。我们把孝布改革与村民的丧葬改革活动同步推进，这样既在主家的葬礼上向村民们倡导"减少一尺孝布，减轻妇女负担；增加一份孝心，尊老敬老"的理念，并与村民一道逐渐将葬礼的几十个步骤及其意义呈现出来。在一次丧葬仪式上，我们与村民一起组织了一台以"节约孝布，增加孝心"为主题的文艺演出，以小调、小品等村民喜闻乐见的文艺形式，对村民进行了一次深刻的传统文化教育。一些年轻的村民第一次听明白葬礼的经声中有许多内容讲述的是祖先的来历、颂扬去世老人辛劳的一生，他们深有感触地说："原来我们的老人很让人尊敬，他们很勤劳，很有文化啊！"（见图 7 - 1）

图 7 - 1　通过绿寨人都来写村史活动促进孝布改革（2005 年）

---

① 当地沙人没有文字，他们用"小调"这种平缓的歌曲形式将自己的历史、风俗习惯、神话传说、情歌等的文化意涵吟唱出来。小调自古流传至今，这种文艺形式为群众所喜闻乐见，男女老少一直热衷于吟唱。

实习结束之后，收集村史的工作继续落在工作员的身上，工作员承担起收集村史的后期工作。工作员和村史小组的骨干继续整理暑期收集的关于丧葬仪式与尊老敬老的风俗。接着，工作员、村民和村史小组骨干又想出新的方法以引起村民对村史的兴趣。他/她们召集村史小组开会，绘制社区图、记录与地理方位有关的传说故事。其方法是，先画出一张绿寨地理方位图，然后把我们想到的故事画在上面，把它贴在中心点办公室的墙上。同时，整理出之前村史中与地理方位有关的传说故事，也贴出来，就在地理方位图的旁边，让两者可以对应起来。每天晚上都有村民来中心点聚会，大家很自然会关注地理方位图以及传说故事，接着村史小组骨干就与村民进行讨论，发现一些新的东西，补充进去。

书写村史的项目还配合了绿寨教育基金会的活动，我们和绿寨教育基金会一起组织龙潭野炊活动，让老人给小学生讲述龙潭的传说（见图7-2）。此外，我们又和绿寨小学配合，把村史的内容带进课堂，让学生们对绿寨的历史和文化产生兴趣。另外，村史收集工作一步步配合村里的一些传统节庆活动，譬如4月份在壮族传统的"三月三"节上，开展了一系列"三月三"民族文化传说故事的收集工作，包括"三月三"的起源、"三月三"的传统风俗习惯、关于"三月三"的神话故事。之后，我们组织了一次"三月三"民族传统文化研讨会，邀请村里的老人和对神话故事感兴趣的中年人、青年人共同参与，活动中老人们围绕"三月三"的神话故事畅所欲言，挖掘了许多关于"三月三"的古老文化。当天参与活动的村民，尤其是年轻人，对"三月三"的相关历史传说以及壮族的文化历史都有了新的认识，接受了一次文化历史教育。通过这次研讨会，我们也收集到更多关于"三月三"的传说故事，将其中的一部分收集整理，并将其作为以后社区课堂教材的一部分。

村史最后定稿之前，工作员进一步访谈了几个主要的写作者，补齐了之前不完整的故事，整理了之前不清楚的内容，并且与村民一起讨论村史大纲（见图7-3）。至于整本书的编辑，都有村民在不同层次的参与，文字内容方面只有几个掌握文字的村民骨干能够参与。由于照片相对简单和直观，因此村民对村史的参与主要体现为对照片的讨论，譬如对书中插入的照片，我们和村史小组的几个人进行了讨论，让他/她们确定选用哪些照片，并写了部分说明性文字，将原来的一些文字移到照片下面，从而简化了文字，增强了可读性。在书稿的大框架出来之后，我们还让更多的村民

图 7-2　老人给学生们讲龙潭的传说

看需要在哪里配什么照片,是否需要自己去拍,怎样写说明性的文字,老年人、妇女小组和夜校的人都可以参与。至于壮锦手工艺部分,我们让妇女小组参与讨论。为了摆脱文字的限制,村民参与的重点放在照片发声上。

图 7-3　与村民一起讨论村史大纲

三　书写村史作为一种参与式发展的文化行动

很多人对我们的书写村史行动的价值有所质疑,认为发展就应该搞经济。我们不否认发展经济的重要性,但是我们坚信如果村民的历史自觉、文化自尊和社区自信没有被培育起来的话,他/她们将无力对抗经济发展的冲击。

书写村史作为一种发展的文化行动，最重要的意义就是让我们深入理解在地文化的内涵，保护在地文化。另外，书写村史的行动，不仅让我们能够聆听到在地民众的声音、了解她/他们的需要，也起了一种社区培力（empowerment）的作用。在行动我们尽可能地邀请社区的不同群体，使他们成为我们的行动伙伴，包括老年人、中年人、妇女、青少年等。老人成为村史言说的主角，他/她们的记忆和传统的知识成为宝贵的财富；妇女的手工艺再次被看重；村里的小调再次复兴，被转化成有用的教材。

在村史收集的过程中，村民（特别是年轻人）的参与打破了传统发展行动（研究）中的主客关系，他/她们是重要的领路人、采访者和转录人，没有他/她们，书写村史计划是不可能完成的。我们不再也无法主导整个过程，而是跟随他/她们一起去收集故事，变成协助者。这样，村民作为言说者和采访者，成为书写村史行动过程中的主体，因为他/她们所讲述的都是自己社区的故事，没有任何一个外来者能够比他/她们知晓得更多。在这种关系下，我们这些所谓的专家学者只能放下身段，成为学生，细心聆听社区的故事，只有这样，才能明白这个社区共同体（Gemeinschaft）的历史，它如何在对祖辈、母子、夫妻、兄弟姊妹等亲属关系及与邻里、友朋的社会关系等的感知（feeling）基础上被集体创发并逐渐积累而形成。我们开始看到这个社区中的人和事是如何真实地与生活有机地联系，在鲜活的"生命世界"（Lebenswelt）中体现，也开始了解社区的地方性知识的底蕴，社区文化是如何在每日生活中及经年累月的互动中形成。这样，在地民众在行动中重获发声的权力，我们这群人也同时被培力。

书写村史行动也是一个社区集体治疗的过程。在讲述自己祖先的故事和村中历史的过程中，老人们有机会重拾自己的过去，重新认识自己、肯定自己。老人们也通过书写村史的行动，对生活有了信心，重新投入社区；书写村史行动同时也成为社区教育的一部分，老人们成为小学生的老师；书写村史行动也成为社区发动的一部分，使社区民众之间建立关系，民众之间产生凝聚力。青年也透过书写村史行动，了解被遗忘的故事，明白自己社区的由来。在收集故事的过程中，青年发现他/她们眼中老态龙钟的长者，其实也像自己一样曾经年轻过，有非常精彩的过去，而且老人们丰富和宝贵的人生阅历，使他/她们对上一代有了新的认识，增添了一份尊重，传承了壮族尊老爱幼的传统。更重要的是，他/她们看到了自己家乡的美，了解社区传统文化的内涵和价值，更加热爱自己的社区。

在书写村史行动过程中创发出的不同类型的社区发展行动，将转化社区生活内涵，使对社区历史的探索成为建设社区文化的契机，更重要的是，这一转化是透过村民间彼此的互动催生的，而不完全经由自上而下的指导或外来的灌输。这个书写村史计划，给农村社会工作者与民众一个讨论共同生活经验的空间，可以交换彼此的想法，促进民众对社区特质和地方精神的把握，进而成为有历史自觉、文化自尊和社区自信的群体。这样的书写村史计划将会成为农村社会工作的重要环节，使我们对现代化发展的追求有反省的可能，对本土生活方式的文化价值有自我肯定的勇气。

小　结

文化发展是中国农村深层的议题，文化介入是农村社会工作重要的实践，可是常常被农村社会工作者忽略，这跟整个主流的社会工作课程设计有很大的关系。此章基于中国农村的本土实践，提炼出富有中国文化特点的实践方法和模式，希望能给扎根于乡村的社会工作者提供新的视角来看待农村的问题，另辟一条中国农村社会工作的发展路径。

思考题

- 现在中国农村在现代化发展过程中面对什么危机？
- 文化为何是农村社会工作介入的领域？
- 农村社会工作的文化介入与一般的文化保护有何分别？

推荐读物

Schech, Susanne、Jane Haggis, 2000,《文化与发展：批判性导读》(Culture and Development: A Critical Introduction)，沈台训译，台北：巨流图书出版公司。

尤力·阿冒等，1998,《大家来写村史》，台北：唐山出版社。

第八章 农村社会工作与减贫行动[*]

贫困是世界各国都存在的问题。自从社会工作专业建立以来,解决贫困问题也是社会工作的历史使命。正如台湾学者张英阵所说:"贫困对社会工作来说是个古老的议题,19世纪末叶社会工作专业的兴起也是来自于济贫工作,可是贫困议题在社会工作界似乎有被淡忘的趋势。"(张英阵,2015)。今天在中国,政府和社会工作专业并没有忘记扶贫的使命。2016年国际社工日,民政部将宣传活动的主题确定为"发展社会工作,助力扶贫济困",并明确指出"推动扶贫济困、增进民生福祉,是全面建成小康社会的内在要求,是党的十八届五中全会和中国扶贫工作会议部署的战略任务,是发展社会工作的重要出发点和落脚点,是广大社会工作服务机构和社会工作者的核心专业使命"。[①]由此可见,政府也意识到贫富分化会激化社会矛盾。以关注民生福祉、维护社会公正为根本宗旨的中国社会工作必须积极回应国家扶贫济困战略,致力于扎根城乡社区,协助困难群众摆脱贫困的现实处境。

因此,回到中国农村的具体脉络和处境,农村社会工作的研究者在面对贫困议题时需要问以下几个重要问题:

- 什么是贫困?如何界定?
- 社会工作如何介入贫困议题?
- 社会工作专业在扶贫方面的工作跟过往政府或发展NGOs的做法有何不一样?

---

[*] 本章节的案例部分改写自闫红红、郭燕平、古学斌(2017),第36~47页。
[①] http://www.mca.gov.cn/article/zwgk/tzl/201602/20160200880107.shtml.

这一章将从扶贫模式开始，最后用笔者和团队其他成员在广东从化一个农村的实践案例，来展示和说明社会工作专业在扶贫方面的做法，希望对有心推动农村扶贫工作的读者有所启发。

第一节 扶贫模式及其存在的问题

笔者认为参与减贫的社会工作者首先应该深入反思新中国成立以来各级政府部门和非政府组织在全国各地持续不断开展的扶贫工作，既要充分肯定中国扶贫事业所取得的巨大成就，也要对以往扶贫工作的经验教训加以归纳总结，只有这样社工才能够突破传统扶贫的局限性，真正响应政府精准扶贫的号召，助力中国的减贫事业，推动社区可持续发展。

受篇幅所限，本章对中国扶贫工作所取得的巨大成就不再赘述，只是根据笔者的实践经验和田野研究成果，侧重反思中国扶贫工作存在的局限性，旨在推动社会工作者扎根社区，做好社区减贫工作。

一 救济式扶贫模式

像本书第二章所言，贫困有分狭义和广义之分：狭义的贫困就是所谓的物质或经济上的贫困；广义的贫困是指除了经济意义上的狭义贫困之外，还包括社会、环境等方面的其他因素（如人口期望寿命、婴儿死亡率、受教育程度、参与经济与社会交往的意愿等）上的能力贫困和权利贫困，它是收入、能力、权力三种贫困的集合。

由于我们通常会停留在对狭义贫困的理解上，所以传统扶贫基本上都是救济式扶贫，通常被称为"输血式"扶贫模式，它也一直是我国农村扶贫的主导模式。农村的"输血式"扶贫模式的核心观点是扶贫主体直接向扶贫客体提供生产和生活所需要的粮食、衣物等物资或现金，以帮助贫困人口渡过难关（赵昌文，2001；谭贤楚，2011）。农村这种"输血式"扶贫的基本思路是直接给贫困者提供相关物质资料（如衣物、粮食、肥料等各种生产生活资料）；直接为贫困户提供小额贷款，又称为小额信贷扶贫；出台相关优惠政策，利用农业生产补贴、财政支出、政策咨询等给贫困者提供帮助（谭贤楚，2011）。毫无疑问，传统的救济式扶贫对于促进中国农村社会发展、缓解农村贫困问题起到了积极的作用。

随着扶贫实践的不断推进,"输血式"扶贫模式日益受到质疑,引起了人们的反思。救济式扶贫项目的管理完全依靠政府的行政力量,即:政府既是投资主体,又是经营决策的主要负责者。同时全国还没有形成严格的扶贫组织体系,扶贫政策也很不完善。在这个阶段,贫困人口普遍处于被动的接受状态,生活热情和生产积极性没有被充分激发和调动,反而养成了一种惰性心理,形成了恶性循环,即反复将政府扶持的财物一次性消耗掉后又向政府伸手。因而救济式扶贫缺乏培养农户自我发展能力的组织体系,其结果是:广大贫困农户的生产力并没有得到真正解放,救济式扶贫也就无法像我们所期望的那样,从根本上消除贫困、遏制返贫,实现贫困农户的长期脱贫(王蓉,2001)。长期的救济使贫困者产生了依赖心理,不利于激发他们走出贫困的内在动力(卢淑华,1999)。因此,救济式扶贫是一种社会救济,不能从根本上帮助贫困者有效脱贫。它侧重于钱财物的发放,只能解一时之"贫",却不能根除贫困之源(韩安庭,2010)。救济式扶贫不但不能协助贫困者从根本上摆脱贫困,反而容易使贫困者养成"等、靠、要"的消极依赖心理,出现"年年扶贫年年贫"的现象(朱坚真、匡小平,2000)。救济式扶贫只能救济,不能救穷(卢淑华,1999)。有学者亦指出,救济式扶贫不能集中力量解决重点、难点问题,也不能充分利用当地丰富的自然资源和社会资源,造成各种资源的巨大浪费,不能从根本上改变贫困地区的落后面貌(朱坚真,匡小平,2000)。

我国长期的反贫困实践证明,救济式扶贫虽有利于短期内改善贫困者的物质生活状况,发挥政府及社会组织"保基本、兜底线"的作用,但是难以从根本上让贫困者摆脱贫困,而且容易使被救济者形成自卑和依赖心理及对国家救济的过分依赖。其实社工减贫实践也会犯同样的错误。我们习惯性地将贫困的原因简单归结为"物质的缺乏",将扶贫的目标定位于"给钱给物",形成了持续不断的救济式扶贫模式。可将这种模式的操作策略简化为"因为贫困者的能力不足或处于弱势地位,所以缺乏基本生活的物质条件",所谓扶贫就是通过"给钱给物"的救济行动,提高贫困者的物质生活水平。救济式扶贫模式大多"造成扶贫对象的'依赖'和'等、靠、要'"等社会心理。这种"输血式"的扶贫行动不仅降低了被救济者自我发展(造血)的能力和自尊感,也强化了被救济者的无力感和挫败感。例如,早期笔者团队在云南贫困农村开展工作时,由于大家简单地将社工视为单方面"助人"的专业,当遇到特困户时,首先将其作为"需要被救济的个案"对待,除了给予金钱的支持外,还背着大米入户救济。后来发现这户人家的男主人依然喝酒且不下地干活,家庭的生活状况不仅没有改观,而且他们明显地对社工产生了更多的期待和依赖,而我们也觉得自己的救济能力很有限,更何况救济之后产生的后果与社工的期待正相反。

二 开发式扶贫模式

1986年5月16日,党中央、国务院成立了国务院贫困地区经济开发领导小组,将传统的救济式扶贫转变为经济开发扶贫,立足本地资源,以市场为导向,国家提供必要的资金、物资、技术支持,大力进行开发性生产建设、实施开发式扶贫工程,如温饱工程、公共建设工程及调整产业结构等(朱坚真、匡小平,2000;张和清,2010a,2010b)。1993年,开始全面实施《国家八七扶贫攻坚计划》,对传统的扶贫模式进行彻底改革;坚持以经济建设为中心,制定一系列开发式扶贫方针。因此,与救济式扶贫不同,国家将扶贫作为一种发展策略,制定了与市场经济体制相适应的扶贫开发新战略(张和清,2010a;2010b)。

开发式扶贫模式又被称为"造血式"扶贫模式,是指"扶贫主体通过投入一定的资源等扶贫要素扶持贫困地区和农户改善生产和生活条件、发展生产、提高教育和文化科学水平,以促使贫困地区和农户生产自救,逐步走上脱贫致富道路的扶贫行为方式"(赵昌文、郭晓鸣,2000)。这种模式的论述和逻辑是,"贫困者的思想观念落后,缺乏市场意识,导致他们在市场交易的过程中缺乏竞争力",所谓扶贫"就是通过农副产品的产业化、规模化生产和市场化交易手段提高贫困者的收入水平"。所以这种模式的基本实施方法是"采取项目开发、科技培训、企业引领、业主承包、专业合作等措施来提升农村生产力,改进生产方式,以增强贫困者自身的造血机能"。这种模式旨在为贫困地区和贫困人口脱贫致富打下基础,创造条件,提供资金、技术等支持,通过培养他们的生产能力,改变他们的生产方式,激发贫困地区和贫困人口的内在动力,使其走上自力更生的发展道路。伴随《国家八七扶贫攻坚计划》的全面实施,贫困落后的农村地区纷纷调整产业结构、改变原有的生产方式,采取商业化、市场化的农业经营模式,以期实现"农业增产、农民增收"的目标。如"一村一品"工程、"公司+

农户"等不同形式的农业产业化扶贫策略。

无论是始于 20 世纪 80 年代的扶贫政策，还是 90 年代以来各地纷纷出台的扶贫计划，都是为了解决农村贫困问题，其背后其实是一种发展主义的意识形态（古学斌、陆德泉，2002）。为了贯彻落实国家扶贫政策，一些地方政府通过行政动员和行政指令，要求农户统一种植具有某种经济效益的经济作物，新经济作物的价格在农户"一窝蜂"上的情况下很难具有市场竞争力，地方政府尤其是基层政府也不能够预测和知晓新经济作物的市场行情，新经济作农作物价格一旦下跌，最终吃亏的是农民（吴毅，2005）。很多学者的研究表明，简单地强调用市场化的路子来调整农业结构可能走不通，因为单纯开展"农业"的结构调整已经走到头了（温铁军，2004）。

开发式扶贫模式的扶贫资源不直接到达贫困群体手中，而是通过实施项目的形式使目标群体受益（曹洪民，2003）。这种模式强调扶贫项目化，要求按照市场化、商业化的原则经营各类"温饱工程"、经济开发工程和公共建设等基础设施工程，这就为一些地方政府经营扶贫项目提供了条件（张和清，2010a；2010b）。因此，有些地方政府为了缓解财政压力，纷纷申请各种扶贫项目，而这些扶贫项目更多地被地方官员用来树立政绩，而非用于贫困农户生活的改善。有些扶贫项目不一定是适合地方自然资源条件的生产项目和普通民众愿意参与的生产项目，在这种情况下，扶贫项目成了行政性的摊派任务，农民在行政命令下被逼着参与扶贫项目，孙立平等学者将其概括为"逼民致富"（孙立平，2000；孙立平、郭于华，2000；马明洁，2000）。基层政府在落实各项扶贫项目时采用的是自上而下的动员方式，地方群众没有机会表达他们的需要和对扶贫项目的意见，伴随着市场价格的波动，许多开发式扶贫项目反而造成农民血本无归（张和清，2010a；2010b）。

上述政府主导、社会组织参与的扶贫济困措施，无论是救济式扶贫模式，还是开发式扶贫模式，基本目标都是解决贫困人群的经济收入不足的问题，这就是收入贫困与增收扶贫。这与美国学者谢若登研究美国扶贫政策措施时得出的结论基本相似："这种以收入为基础的资助大大缓解了人们的困难，是绝对必需的，但它没有从任何根本意义上减少贫困。对穷人的收入转支政策也被称为收入维持。经过半个多世纪的收入维持政策，我们确信它的命名无误。这个政策没有导致发展而只是维持"（谢若登，2005）。

第二节 社会工作与减贫行动

面对贫困的议题，大家都有共识从政策出发是更加有力和有效的。所以反贫困成为当今各国政府的重要国策，中国政府从 2013 年开始提出"精准扶贫"的概念，反思传统扶贫的问题。

社会工作参与农村减贫，不只是为贫困者提供物质救助，也不是简单地帮助贫困者增加收入，提高消费水平，因为贫困不仅表现为物质层面收入－消费水平的不足，也表现为社区层面社会文化的贫乏和生态致贫等，因此，社工更应该致力于探寻贫困的社会文化根源并大力推动社区减贫。

农村社会工作的扶贫策略，不是物质资料的提供，而是贫困人群和社区的能力建设与培力。反贫困行动要取得成功就必须增强农村社区发展的内推力，培育社区组织和领袖，促进社区整体发展。社区主导型发展（Community Driven Development，CDD）是社区参与式扶贫的最高形式。CDD 是一种发展的过程，通过这一过程，社区能够支配和利用影响他们生存与发展的资源，并享有控制和决定这些资源利用方式和管理方式的决策权。譬如项目资金的分配权、决策权、资金管理权、工程实施权都交由社区，而政府和社会工作组织在过程中只是起到服务、监督、指导的作用。社区主导型发展还强调避免社区精英垄断的局面，拉大社区贫富差距。我们要培力贫困群体，增强他们的信心，让他们有机会参与社区的实务；同时也需要提升他们的能力，包括经济能力、管理能力等。

另外，农村社会工作者还需要分析贫困的结构性因素。除了探讨"贫困与经济发展"、"社会文化"和"环境保护"之间不可持续发展的恶性循环问题，了解城乡居民面临的收入、资产等经济方面的个体性贫困之外，还应发现一些城乡的社区日益衰败，造成社区社会文化生活贫乏、生态环境日益恶化等社区深层次的贫困问题。40 年的改革开放，中国经济、社会、文化、资讯等方面被深深地卷入资本全球化的轨道，引发了一系列新的社会问题：工业化迅猛发展在使中国成为"世界工厂"的同时，许多传统乡村社区消失或者"空心化"，人际关系日益疏离；城市社区产生了庞大的边缘群体——农民工；消费文化主导的城镇化发展模式，以及高科技、资讯等方面与国际资本的接轨，深刻地改变了大多数中国人的生产和生活方式，许多社区居民成为"消费积极分子"和原子化的个体；教育、医疗、住房、养老等社会保障制度改革滞后，使大多数家庭背上沉重的包袱从而失去发展的动力；许多竭泽而渔、唯利是图的发展模式使得自然与人为因素叠加频繁诱发各种灾害，特别是灾害中的人为因素，带给社区民众巨大的伤害并使贫困者返贫（张和清，2012）。

面对这些结构性致贫的现象，农村社会工作该如何面对呢？以下的案例是笔者团队在广东省农村所推动的实践，希望能为读者带来一点启发并提供借鉴。

第三节 乡村社会经济减贫实验
——广东从化的案例

本章案例的地点是广东省从化市良口镇一个叫仙娘溪的村落，该村落当时是所在地区最贫困、最偏僻的一个自然村，与良口镇间有21公里的盘山公路，为广东省的贫困村。全村共有85户450人，分为5个经济社；可耕地面积约为820亩，其中水田、菜地面积220亩左右，山林面积12000亩左右。2002年政府实施"一村一品"工程，全村开始种植砂糖橘，村中600亩农田和1200亩山林被改种砂糖橘。政府希望通过推动产业结构调整使农民发家致富。在市场经济体制下，砂糖橘价格受市场影响波动大，价格极不稳定。在农业生产成本不断攀升的情况下，村民收入难以保证。此外，村民在住房、医疗、人情、后代教育等方面的开支也越来越大，农业生产的经济收入无法满足村民日益增长的经济需求。仙娘溪村大部分青壮劳动力因此外出打工，老人、中年妇女与儿童则留守在村。面对这样的村庄，农村社会工作该如何介入呢？

一 辨识村庄的贫困问题

在广东省政府大力推动社会治理创新的背景下，自2009年10月起，广州市民政局支持广东绿耕社会工作发展中心（以下简称绿耕）开展农村社会工作试点项目。绿耕在政府的介绍下，选择了从化仙娘溪村作为农村社会工作的项目试点。笔者团队2009年刚驻村时开展的调研发现，村里除了有收入贫困的"三留守"弱势群体外，村落社区也显得非常衰败——许多村民居住在年久失修甚至漏雨的围屋里,村里的宗祠、祖屋等常年荒废甚至倒塌,"风水池"、篮球场等公共场所垃圾遍地,杂草丛生。村民们虽然仍保持着"日出而作、日落而息"的生活节奏,但彼此之间的交流和走动并不多,村里已经很久没有组织公共活动了。

虽然近十余年在政府"一村一品"产业化扶贫模式的影响下,仙娘溪村 600 亩耕地中的绝大部分已经换种了砂糖橘,几乎所有的村民都不种植水稻。由于"水源保护地"的缘故,村里禁止砍伐林木,甚至村民饲养牲畜都受到限制。大面积商品化种植的后果是村民的生计严重依赖砂糖橘种植和市场销售,但大起大落的市场价格使村民生计很不稳定。除了生活垃圾污染村庄,种植砂糖橘施用大量的农药、化肥也不断污染空气和水质。由此可见,村民面临的困扰不是单纯的"收入"和"资产"贫困的问题,除了金钱和财富的匮乏之外,整个村庄的衰败,尤其是社区社会文化生活的贫乏和环境恶化等问题成为村庄减贫发展的最大阻碍。

二 组织发育与老屋新生

在驻村工作中,我们还发现留守乡村的中年妇女是家庭照顾、农业生产和村庄生活的主要力量。她们不但要操持一家老小的饮食起居,还要进行日常的农业劳动。但这些劳动创造的直接经济价值并不高,这使得这些妇女的劳动被严重低估;加上受到传统性别文化的制约,农村妇女很少有机会参与社区公共事务。例如,仙娘溪村的公共事务由村理事会商量决定,但理事会成员中没有一名妇女。另外,社区中的农村妇女自我认同度非常低、自信心不足。她们经常说自己"没用"、"没文化"、"没能力赚钱",觉得自己的村庄"贫穷"、"落后"等。此外,妇女们在生产、生活中缺乏互助合作,只有属于同一宗亲的妇女相互之间才会联系。

面对这样的情况,项目团队决定推动以妇女组织和与妇女为中心的合作经济项目,希望改善村中妇女的生活,重塑她们的自信。到底建立什么样的适合在地处境的合作经济平台呢?秉承优势视角和资产建设的社会工作理念,笔者认为再"没用"的村民也有巨大的潜能,再"贫穷"的村庄也有自身独特的资源。优势视角认为社会工作者所应该做的一切,在某种程度上就是去寻找、发现、探索及利用案主的优势和资源,协助他们达到自己的目标,实现梦想,并面对生活中的挫折和不幸,抗拒社会主流的控制。这一视角强调人类精神的内在智慧，强调即便是最可怜的、被社会遗弃的人也具有内在的转变能力。优势视角强调人们的优势，看重人们有什么，以人们的潜能为出发点，协助人们摆脱困境（Saleebey，2004）。资产建设理论和能力建设理论相信在地社区的民众不管是贫困还是处在边缘都拥有自身的能力，只是这些能力常常被隐没和忽视（Sherraden，1991；Saleeby，1997；Tice，2005）。资产建设理论和能力建设理论认为实现个体、群体和社区的发展首先要致力于发现他们潜在的能力、资源、资产，而不是盯着他们的缺陷、问题和无能（Ginsberg，2005；Lohmann & Lohmann，2005）。

在优势视角、资产建设理论和能力建设理论框架的指导下，我们首先和村民一起对仙娘溪村进行资产、资源的盘点，并在日常接触中了解妇女们的需求，鼓励她们看到自身的潜能。经过资产评估，我们发现仙娘溪村不是一个"贫穷"偏僻的小山村，而是一个有优美的生态环境、浓郁的农耕文化、勤劳热情的村民等优势资源的宁静村落。村内保存完整、无人居住的传统土坯围屋与周围环境浑然一体，成为仙娘溪村的特色资产。基于村庄现有资产——传统土坯围屋、浓郁的农耕文化、优美的生态环境、勤劳的留守妇女等，项目团队计划推动一个乡村旅舍生计项目，将土坯围屋修缮改造为乡村旅舍，由妇女们集体经营，发展生态旅游。

图 8-1 由土坯围屋改造的乡村旅舍（笔者团队摄）

因循参与式理念，我们在修缮土坯围屋和改造乡村旅舍的过程中也让村民充分参与、投工投劳。当然这个过程不是一帆风顺的，谁来施工、投工报酬如何计算等都是复杂的问题，有时甚至演变成冲突。社会工作者在乡村还需要学习如何跟乡村各种势力角力，如何发动村民，如何实施工程，等等。当初驻村的社工都是刚毕业的社会工作专业学生，实践的现场是他们学习成为农村社会工作者最好的锻炼场域。

最后，笔者团队把那些废弃的老屋变成了乡村旅舍，旅舍由17间建于20世纪五六十年代的土坯房组成，分布于一条狭长的巷子两边，每次能接待30人左右。

三 妇女小组与社会经济实践

乡村旅舍生计项目希望通过发育妇女组织及社会经济实践，增加村民的收入，赋权乡村妇女。初期，我们对经济发展的想象是：通过生态体验游增进城市游客对乡村生活的了解，由此搭建城乡交流的平台；通过妇女小组按照当地节气组织插秧、收稻谷、收番薯等，让游客参与农耕劳动，直接体验乡村生活。

项目团队为推动乡村旅舍生计项目做了很多前期工作，其中最重要的是在村里寻找、动员有意参加项目的妇女，培育一个妇女小组集体运营乡村旅舍。基于过往的实践经验和理论研究，绿耕相信增强合作是妇女能力建设和赋权的关键，其中发育组织是主要的方法。[①] 项目团队希望通过乡村旅舍生计项目推动一种新的集体合作的经济模式，推动形成新的合作形式促进妇女参与，实现农村妇女经济与性别增权。

在当时的环境下，针对妇女的动员和组织工作的开展是很艰难的。最初对妇女的组织有赖于社工在村中深入的宣传和动员。社工在最初进入仙娘溪村时，得到了村委会的引介，所以村民对社工有一定的信任，这使得社工的家访得以顺利开展。通过家访，社工基本掌握了仙娘溪村民的基本情况并确定了重点跟进的妇女名单。根据名单，社工进一步走访，并就旅舍管理、用途、价值、预期收益以及意义等方面做了广泛宣传。土坯围屋基本的修缮工程完成后，社工及时召集有意愿参与的妇女开会。

---

① 绿耕2014年度报告。

第一次妇女小组聚会有12人参加。在这次会议上,社工说明乡村旅舍将由妇女小组合作经营,并指出妇女小组不是受雇于社工,社工也不给组员发工资,组员的收益全部来自小组的自主经营。随后的几天,社工又召集妇女们开了第二、第三次会议,更详尽地与小组成员商量乡村旅舍的经营事宜。但等到第四次小组会议召开时,有几位妇女因为没有工资而决定退出小组。最终,七位妇女留下,成立了妇女小组。①

那个时候,一些村民听说这七位妇女要和社工一起经营乡村旅舍,感到非常不理解,甚至看不起她们。当妇女们一起打扫卫生、清洗家具时,有的村民就站在一边看,边看边嘲笑她们为"傻婆"。② 在大多数村民看来,做乡村旅舍是给社工干的,社工应该给妇女们发工资;不发工资,妇女们还愿意干,就是傻。当地村民以为社工是外来的老板,与妇女们之间是雇用与被雇用的关系。另外,村民认为没有人会来他们偏僻的农村住这些"破"房子,他们认为妇女们是白忙活。

回顾当初,妇女们对为何要加入小组其实并没有清晰的认识,对经营乡村旅舍也几乎没有任何概念。一位小组组员说:"那个时候文浩、雪云(驻村社工)经常来我们家说要做乡村旅舍,要我们去帮忙。"③ 驻村社工文浩回忆说:"我们当时通过家访、到村民家吃饭、和村民一起下地干活等方法与村民建立了良好的信任关系,这些都为我们在村子里动员妇女参与妇女小组、参与乡村旅舍的布置打下了基础。"④ 社工通过家访与小组的每个人建立了良好的信任关系,这为动员妇女们组织起来参与乡村旅舍的筹建工作奠定了良好的基础。妇女们虽然不明白社工所说的妇女小组和乡村旅舍到底是什么,但是她们信任社工。当社工叫她们一起劳动时,她们愿意和社工一起干。

对于这样一个未知的生计项目,社工在筹建小组初期扮演着主导角色,而妇女们更多地是以一种人情"帮忙"的态度加入,并不涉及直接经济利益的合作。之后,当妇女们不知道如何经营乡村旅舍时,社工动员妇女一起打扫卫生、清洗家具、煮饭等,让妇女们做力所能及的事情。这既让她

---

① 2010年工作员工作总结之"妇女小组的发育"。
② 2017年6月1日文浩访谈记录。
③ 2017年5月31日对妇女的访谈记录。
④ 2017年6月1日文浩访谈记录。

们有参与感,又提升了她们的自信心。通过实实在在的劳动参与,妇女们不再觉得妇女小组、乡村旅舍是一个抽象的概念,而对她们要做的事情有了具体的认识。

乡村旅舍并没有以即时的经济利益作为动员的基础;相反,正是通过悬置利益获得的可能,社工让妇女小组成为项目运作的主体,并试图挖掘该项目所带来的经济利益之外的价值。如在妇女小组成立过程中曾经出现组员排斥弱小的现象。据当时驻村社工文浩回忆,村里有一位身患癌症的妇女非常想加入小组,但其他组员多次向文浩表示不愿意让她加入小组,理由是她的身体不好,不能和其他人做同样的工作。文浩在小组中和大家分享社工推动大家成立妇女小组的意义,要大家不要排斥弱小,组员们最终接纳了这位妇女。①

在社工的强力介入与陪伴下,农村弱势妇女被组织起来,这为合作经济的实践提供了组织基础。一方面,与男性相比,农村留守妇女缺少生计来源,她们较少有机会直接参与经济项目;另一方面,社工与妇女在日常交往中建立了深厚的信任关系,大家之间产生了感情,这也使得妇女们在不确定是否可获得经济利益的情况下愿意和社工一起尝试另类的经济项目。因此,合作经济的顺利开展得益于对妇女的组织。

在乡村旅舍具体的经营管理过程中,妇女小组的 8 位组员(小组组织后来扩充到 8 人)有明确的分工。小组中有负责人、对外联系人、采购员、会计、出纳、维修员。其中,负责人协调小组的内外关系;对外联系人主要负责旅舍的预订与咨询工作;采购员负责购买食材和旅舍日常用品;会计主要负责做账目;出纳管理小组的现金收支;维修员负责旅舍日常的维护工作,如处理房屋漏雨等。② 除了基本的分工,小组组员在实际接待游客的过程中也会根据具体情况形成不同的分工合作。以下将通过对一次活动的描述,介绍乡村旅舍具体的运营。

2010 年 8 月 29 日,乡村旅舍(2010 年 5 月正式开张)迎来了第三批客人,他们是广州一位喜欢乡村文化、认同环境与文化保育理念的游客介绍的。这位游客已经是第三次参访仙娘溪村,这次她带来了她的朋友们。为

---

① 2017 年 6 月 1 日文浩访谈记录。
② 仙娘溪妇女小组简介。

迎接游客的到来,妇女小组一早就开始工作:有的清扫房间、整理床铺;有的装饰房间,在竹筒里插上从山上采的花花草草;有的抱柴火、准备食材;等等。纵使小组内部有基本的分工,但具体到每一次接待游客,妇女们更多地还是凭直觉和默契找到各自要做的事情。社工在日志中写道:"在一次次的沟通协调下,妇女小组的工作井然有序,不蔓不枝,分工配合自成一体。古朴的老屋、质朴的妇女、稚气的孩童、温顺的黑狗,俨然一幅情趣盎然的图画,在青山绿水中,静静地等候着即将到来的朋友们……"①

在接待游客时,小组会根据农时或游客的建议安排体验活动。小组每次需要有一位或两位妇女带领活动,开始时妇女们以"不会带"、"不会说普通话"等为由推脱。社工和妇女们商议大家轮流带活动,这就使得每个小组组员都有带活动的机会。为了让游客了解农村的田园风光,小组组员一边带大家爬山一边教大家认识本地的农作物和其他植物。等大家下山回到旅舍后,组员就开始准备带大家做豆腐。第二天上午,由另外的组员带大家上山挖竹笋。乡村旅舍生计项目强调劳动合作中的公平。社工在协助妇女小组开展活动的过程中,不倾向于依赖单个有能力的成员,而是让每个小组组员都拥有同等的参与及相互合作的机会。

四 社会经济与民主实践

然而,社工所设想的小组完美分工与配合并不是每次都能实现。事实上,在重复的接待与管理经营中,妇女们之间的摩擦反而成为合作过程中经常要面对的问题。

小组成员抱怨的一个最常见的理由就是工作中的"偷懒"现象,这涉及小组内部如何评价并协商劳动的公平性。以下将具体分析小组组员在合作劳动中如何解决或消化分工的矛盾。

在村里,妇女们经常会向社工倾诉,甚至找社工"告状",说某人偷懒。② 比如,有时约好了时间一起干活,个别组员却迟到。人民公社的集体所有制经济常常为人诟病的就是它过度的平均主义导致效率低下。年过半百的妇女小组组员曾经历过人民公社时期,她们对"吃大锅饭"式的劳动

---

① 摘自社工 2010 年的工作日志。
② 驻村期间,妇女们会和我们倾诉某某组员干得少、迟到等。

从心底里排斥。闲聊中，她们常常回忆起以前的集体劳动与工分计算不公，因而对乡村旅舍经营合作中的偷懒现象比较敏感。虽然社工鼓励妇女们在小组会议上把这些问题提出来讨论，但她们囿于人情难以公开表达自己的抱怨，因为她们认为在会议上当面表态，会得罪人。但这并不代表她们不会自行调节以便摆脱"吃亏"的状态。例如，她们后来改变了以往同一时间洗被单的惯例，按照床单、被罩的数量将工作平均分配。这样不管其他人迟到与否，只要组员能完成自己的那部分工作就行。这一协调机制能有效地解决部分组员"偷懒"的问题，同时又不伤小组组员间的和气。

　　但是，如果"不公"的问题一直得不到解决，小组内的不满情绪也有爆发的时候。如小组成立三周年之时，小组负责人提出辞去负责人职务，要求重新选负责人。在会上，我们和组员商议如何选举，并提议用投票的方式，针对每个职位，大家投票选出合适的人。一位妇女说："不用那么麻烦，直接抓阄，抓到什么做什么。"另一位妇女表示反对，她说："不行啊！万一抓到做不了怎么办？"小组负责人坚持要这样做，她说："抓到就要做，你不做怎么知道做不了呢？"其他人没有反对抓阄，她们似乎觉得投票太麻烦，抓阄简单直接。在我们看来，她们以抓阄的方式调整小组内分工，没有考虑小组的发展，没有考虑将合适的人放在合适的位置上。她们更多的是在发泄情绪，小组负责人更是如此，她是在出一口"气"。小组负责人曾几次和我们说其他人对她有意见，她非常委屈和不服气，她觉得自己做小组负责人付出了很多。在我们看来，小组负责人不是不想做负责人，而是想得到大家的公开认可，让大家觉得她做的事其他人做不了。用小组负责人的话说就是"让大家都体验一下，小组负责人不是那么好做的！"[①]

　　妇女们通过抓阄重新调整小组内分工，表面上是对劳动量不均衡的一次协商，但事实上更是组员们一次比较公开地表达情绪的机会。作为小组负责人，往往承担的责任更大，但小组组员没有对她的付出予以适当的肯定，这导致她提出"换岗"的想法。虽然经历了重新分工，但是这位原小组负责人在每次活动中依然十分积极。从以上例子中我们可以看出，乡村旅舍合作经营中的公平有时并不是简单的酬劳上或工作量上的均等，更多

---

① 2012年12月工作员工作日志。

的时候可能是寻求情感上的相互支持与同侪间的认可。因此，理想化的民主理性沟通并不适用于小组问题的解决，"抓阄"这种随性的方式反而提供了一个让每个组员换位思考的契机，从而缓解了矛盾。

随着乡村旅舍的发展，妇女小组发现她们需要的大米、蔬菜等食材越来越多。之前，她们主要从村民或自家菜地买来材料，后来渐渐发现这样将大大增加运营成本。于是她们计划租借村民的闲置土地种菜。在成功试验了一年后，妇女们又一起租地集体种植水稻。这两项计划的实施使小组大大减少了购买米、蔬菜的开支。无论是种菜还是种水稻，我们发现小组每一次劳动都是全体参与。她们一般约定时间在乡村旅舍前的空地集合，然后带上工具一同前往田间劳作。具体来说，如每次只需两位组员负责担水、浇菜，其他组员就轮流负责之后的劳动或在地里除草、捉虫等。如果说她们曾经反感人民公社时期的"吃大锅饭"式的劳动，那么通过参与乡村旅舍的经营，妇女小组有了重新审视集体劳动的机会。从被动参与乡村旅舍的合作管理，到主动提出合作劳动的新方案，妇女小组的发展让我们看到一种微型的民主合作经济实践。

图 8-2 妇女小组集体劳动（笔者团队拍摄）

与集体所有制经济不同的是，社会经济并不是一种集体无差别占有生产资料的经济形式，它并不要求统一劳动、统一经营、统一分配，而是承认其成员的差别化劳动以及允许多元的参与形式存在（韩俊，1998）。经改造的乡村旅舍成为社工组织与妇女小组共同占有的生产资料。通过社工的前期动员，妇女们自愿组织起来参与乡村旅舍的共同经营活动。但是，她们的统一劳动并不是整齐划一的参与，而是结合了某种乡村伦理习惯的合作式生产，其中充满了微观的协商与互动。正是基于这种劳动经验，妇女们进一步尝试了新的合作可能，如主动提出共同耕作方案。这个合作经济式的生计项目，一方面规定了每个参与者都必须承担同等的劳动责任，另一方面也为妇女们提供了自组织的空间。在这一空间中，她们自己协调劳动合作中的矛盾，从而实现了一种动态的"公平"。从这些合作经验中我们可以看到，可持续的劳动合作并不是单一的、标准化的实践，而是应该允许各种差异化的参与方式。而且，真正的劳动合作并不仅仅依赖外在的规范或经济利益的诉求，更在于劳动者的自组织动力。

图 8-3 妇女小组（笔者团队摄）

小 结

自 2010 年 5 月至今，经过几年的发展，仙娘溪村妇女小组一直坚持合作经营乡村旅舍，通过集体的力量实现了乡村旅舍的自负盈亏和逐渐盈利。

（一）经济增权：妇女个体经济收入的增加与社区公益金的积累

这种合作经济的持续有效地缓解了农村妇女的经济困难。以前，为补贴家用，缺乏收入来源的妇女们被迫冒着违法的风险偷伐/卖木头。[①] 妇女们参与乡村旅舍的合作经营之后，随着乡村旅舍的营业额逐年增加（从2010年的128436元增长到2014年的240000元），[②] 每个小组组员每月可获得1000元左右的收入。对于一个当时年人均纯收入不足3000元的小山村来说，这笔收入无疑能极大地改善她们的生活。因为有了稳定的经济收入做保障，妇女小组也就有了持续合作的基础。因此，这一项目避免了只注重文化发展而忽视村民最根本的经济需求的问题，但合作经济并没有将个人的经济利益看作最重要的目标，并不追求利润最大化。在收入分配方面，它强调兼顾组织自身的长远发展与本土社区的利益。

在实际的分配中，乡村旅舍的收入分配分为三个部分——组员收入、小组公共基金和村公益金。其中，乡村旅舍收入的70%作为小组组员的收入，组员按劳分配；乡村旅舍收入的20%作为小组公共基金，用于乡村旅舍的日常维护和长远发展；乡村旅舍收入的10%作为村公益金，用于开展村公共服务活动。例如，2015年1~9月，妇女小组为社区积累了一万多元村公益金。妇女小组用这笔公益金修缮了村中的祠堂，举办了聚餐活动，还慰问了村中留守老人和儿童。[③] 这些有利于社区发展的活动激活了社区互助的氛围，提高了妇女在农村公共事务中的参与度，因而增进了她们的集体认同感、增强了公共参与的能力。这也为她们进一步挑战村中已有的权力关系和争夺村庄公共空间的使用权打下了基础。

（二）集体认同：妇女小组助力妇女能力提升、挑战社区权力关系

大量的研究表明，通过集体的力量，互助合作小组可以实现组员个体层面的增权。所谓个体层面的增权主要指个人权力感和自我效能感的增加（陈树强，2003），如个体自信心增强、有能力获得或支配资源、自我决定并改变自身的不理想生活境遇等。在合作经营乡村旅舍的过程中，妇女小组的组员需要向游客介绍乡村的风土人情、展示传统的手工艺，妇女们的沟通交流能力和自信因而得到很大的提升。妇女们倾向于将自己认同为小组中的一员，特别是当她们以集体的身份面对村中有权势的男性的诘问时，

---

① 仙娘溪村属于溪流河国家森林保护区和广州水源林保护区，为保育森林，国家禁止私自砍伐树木。
② 绿耕机构仙娘溪农村社会工作项目成果报告。
③ 妇女小组收入分配表。

她们也更有勇气挑战村庄不平等的权力关系。

2013年底，村中理事会因为不满妇女小组在接待游客时占用祠堂，要求她们必须向理事会支付一定的费用。妇女小组派出了两位代表与理事会的成员开会商议。理事会向妇女小组提出加收电费、向理事会缴纳管理费等要求，并表示，如果妇女们不接受这些要求，她们将不能继续使用祠堂来接待游客（原来妇女小组借用祠堂开展活动）。两位妇女小组成员随即走出会议室与其他小组组员商量。之后，两个组员回到会议室给出了反驳理事会的依据：祠堂的修复费用由绿耕资助，每位村民都有使用的权利；小组经营乡村旅舍收入的10%注入村公益金，全体村民都有支配权；小组实质上一直在维持祠堂的卫生；在祠堂使用问题上，村民和妇女小组之间不存在冲突，妇女小组在祠堂空闲时使用祠堂。理事会显然没想到妇女小组会提出反对意见。虽然理事会不肯让步，但是妇女小组也没有全盘接受他们的要求，这次谈判在双方的僵持中结束。这次开会看似没有结果，但对妇女小组而言，却是她们以集体合作的形式挑战村庄不平等权力关系的重要标志。

（三）互助合作：妇女从劳动的合作走向生活的合作

乡村旅舍项目增加进了妇女们之间的合作。在互助中，她们开始相信合作的力量，并逐步形成自己的合作与民主文化。她们坚持按劳分配，在共同劳动中学会包容和理解，不过分计较彼此的得失。组员与组员之间的关系变得密切，她们一起面对生活的压力，相互倾诉，彼此支持。如小组中的一位大姐是外地人，以前较少与村里人来往，参加妇女小组之后，她与各组员熟悉起来，结交了新的朋友。又如，小组组员来自三个不同的家族，在小组成立之前，她们并不会参与对方的家族活动。现在，每逢组员家中有婚丧嫁娶的事情，其他组员就一起去帮忙，并以小组的名义随礼。妇女小组改变了村庄原有的人与人之间的关系，拉近了组员之间的距离。组员之间不仅相互支持，而且形成了一种集体认同感。通过组织妇女开展合作经济，一方面促成了妇女在生产劳动中的合作，另一方面实现了妇女在劳动之外生活方面的互帮互助。

总而言之，农村社会工作除了在现存制度框架和体制内帮助贫困者"增加收入"之外，还应致力于创建超越单纯经济发展的社区减贫模式，以便系统地解决个人-家庭-社区的民生问题，使社区民众政治上更加民主，经济上更加平等（Wright，2006）。从化乡村社会经济减贫实验，体现了社会工作在助力国家扶贫济困战略时如何从"收入加资产"的个体化经济收入减贫计划转向社会赋权的系统性社会经济的社区减贫模式。

思考题

1. 试述救济式扶贫模式、开发式扶贫模式与农村社会工作社区减贫模式的异同。
2. 如何评价绿耕社工的减贫实验？

推荐读物

潘毅、严海蓉、古学斌、顾静华主编，2014，《社会经济在中国——超越资本主义的理论与实践》，社会科学文献出版社。

闫红红、郭燕平、古学斌，2017，《合作经济、集体劳动与农村妇女——一个华南村落的乡村旅舍实践案例》，《妇女研究论丛》第6期，第36~47页。

第九章　迈向社区为本的农村社会工作

中国社会工作从 20 世纪 80 年代开始重新起步发展，至今已快 30 年。随着社会工作专业的发展，近年来，社会工作者越来越热衷于运用个案及小组方法，① 越来越注重个人辅导及治疗模式的应用，忽略如何在日常的实务中应用社区工作方法，中国社会工作正逐渐靠近西方社会工作，迈向"治疗化"和"去社会化"的趋势，社工专业逐渐忽略了社区工作在社会工作实践中的重要性（甘炳光，2010）。

其实，在西方，不少具有批判意识的学者已经批评主流社会工作背弃了自己的使命，已成为"不忠心的天使"（unfaithful angels），② 倡导要正视这一"去社会化"的现象，建议社工专业重拾社区工作和宏观实务。如果再次审视社会工作的新定义（"社会工作是以实践为基础的专业，是促进社会改变和发展、提高社会凝聚力、赋权并解放人类的一门学科。社会工作的核心准则是追求社会正义、人权、集体责任和尊重多样性。……基于社会工作、社会学、人类学和本土化知识的理论基础，社会工作使人们致力于面对生活的挑战，提升生活的幸福感"），我们便会发现社会工作不是只注重个人和小群体的工作，它更关注社区和社会环境，也用宏观的视野和方法去介入。社会工作不应该局限于补救性功能，更要发挥预防性、发展

---

① 笔者并非反对个案和小组方法的运用，在社区发展工作中，两者也被结合起来运用，个案、小组和社区方法不是割裂的，而是需要整合运用。

② Harry Specht 和 Mark E. Courtney 在 *Unfaithful Angels: How Social Work Has Abandoned Its Mission* 中就批判社工在资本主义社会里如何放弃了社会工作的使命。

性及改革性功能。社会工作要从服务个人、家庭、小群体扩展至服务社区及整个社会，将多元和跨学科的介入方法整合地加以运用，社工的实践才会更完整，真正体现社工的真谛，真正发挥社工精神。

我们从2001年在中国农村实践至今，发现治疗取向的社会工作并不是中国农村社会工作的优先选择。许多农村依然面临贫困的议题，当下留守老人、留守儿童、农民工等议题其实与整个农村发展和贫困直接相关。在第一章，我们分析了农村问题的根源："绿色革命"导致环境和土地被破坏；农业商品化和市场化造成农民"增产不增收"，生计不可持续；消费革命让农民陷入消费致贫的困境；跨越式发展导致农村进入灾难的恶性循环。面对这一切，如果我们从个人视角（individual perspective）或病态模式（pathological model）去看问题，必然将农村的问题看成农民的个人问题（譬如他们思想落后、愚昧、没有文化等），将解决问题的责任放在农民个人身上，犯"责难受害者"（blaming the victims）的错误。农村社会工作如果懂得从社区的宏观角度看问题，就能辨识问题的产生并不在于个人本身，而是社会建构出来的，个人问题的背后都有社会成因，与社区周围的环境、社会制度、社会政策及整个社会有密切的关系，也会清晰地了解解决问题的方法不应是纯粹的个人改变和个人适应，还要改善周围的环境，进一步完善制度和政策。

如果我们不把问题个人化，不从问题为本的视角看待农村，那么我们就会发现在地农村社区其实有丰富的资源。从资产为本的视角看，农村社会工作必然会致力于发掘社区资产和在地民众的能力，与在地民众携手发掘和善用社区资源来建设农村；我们也相信群众的能力和集体智慧，他们才是专家，能够建设好农村的其实并不是专业社工，而是村民自己。因此，农村社会工作者的重要角色是发掘社区的资源，推动社区的意识启蒙和醒觉，推动农村组织建设，促进社区互助合作。

农村社会工作强调的是社会和社区发展，不是社区服务。因此，农村社会工作者不只是解难者、服务提供者或情绪支持者，同时还是弱势群体的同行者，不是高高在上提供服务，而是走入群众当中，从他们日常生活的不幸中看到不公义，帮助他们发声，从而倡导社会政策的改变，促进社会正向转型。因此，农村社会工作是社区工作，我们希望培养的社工不只有一颗"关怀个人"的心，还应有"关怀社会"的心，能够尽一己之力去改变社会，视自己为社会发展的促进者、推动者及先行者。

另外，农村社会工作反对社工走向专家化和专业霸权，挑战社会工作者拥有专业权威和处于高高在上的地位，因为这种专业霸权使得社会工作者与社区民众处于一种不平等的权力关系中，进一步强化农民低微及无能力的形象，使他们变得更被动，更依赖社工。相反，农村社会工作强调与社区民众建立平等的伙伴关系，看重民众的集体参与，致力于与民众分享权力，使他们在这一过程中得到培力/充权。

我们呼唤社区为本社会工作的回归，特别是在农村社会工作领域，当我们面对频繁发生的灾难和剧烈的社会变迁，解决个人的问题将于事无补，把社会问题个人化无助于从根本上解决问题。

参考文献

中文参考文献

阿伯杜雷，2000，《印度西部农村农业技术和价值的再生产》，载许宝强、汪晖编《发展的幻象》，中央编译出版社。

埃斯科巴，2003，《权力与能见性－发展与第三世界之编造发明与管理》，载许宝强、汪晖选编《发展的幻象》，中央编译出版社。

艾莉斯·马利雍·杨，2007，《像女孩那样丢球：论女性身体经验》，何定照译，台北：商周出版公司。

保罗·弗雷勒，2003，《受压迫者教育学》，方永泉译，台北：巨流图书出版公司。

毕恒达、谢慧娟，2005，《女性研究者在田野中的性别处境与政治》，《女学学志：性别与妇女研究》第 20 期。

曹洪民，2003，《中国农村开发式扶贫模式研究》，中国农业大学农业经济管理专业博士学位论文。

曹树基，2002，《国家与农民的两次蜜月》，《读书》第 7 期。

陈锦华，2006，《平等与差异：性别社会工作的挑战》，载梁丽清、陈锦华主编《性别与社会工作——理论与实践》，香港：中文大学出版社。

陈强，2011，《你可以参与公平贸易为你想要的世界投票》，《羊城晚报》6月 11 日。

陈树强，2003，《增权：社会工作理论与实践的新视角》，《社会学研究》第 5 期。

陈向明，2000，《质的研究方法与社会科学研究》，教育科学出版社。

陈映芳，2011，《面对灾难，日本国民不会隐忍》，《南方都市报·南方评论》3月20日。

杜芳琴，2008，《三十年回眸：妇女/性别史研究和学科建设在中国大陆的发展》，《山西师大学报》（社会科学版）第35卷第6期。

费正清，2001，《中国：传统与变迁》，张沛译，世界知识出版社。

弗雷德里克·C. 泰韦斯，1990，《新政权的建立和巩固》，载 R. 麦克法夸尔、费正清编《剑桥中华人民共和国史：革命的中国的兴起（1949~1965年）》，谢亮生等译，中国社会科学出版社。

付红梅，2006，《社会性别理论在中国的运用和发展》，《经济与社会发展》第4卷第7期。

甘炳光，2010，《社会工作的"社会"涵义：重拾社会工作中的社会本质》，《香港社会工作学报》第44期。

葛兰西，2000，《狱中札记》，曹雪雨译，中国社会科学出版社。

贡森、李秉勤，2014，《中国的不平等问题：现状、原因及建议》，载杨团、葛道顺主编《社会政策评论》（第一辑），社会科学文献出版社。

古学斌，2000，《农业商品化与基层政治的变更：中国南方一个村落的个案调查》，《香港社会科学学报》第17期。

古学斌，2003，《发展中的"他/她者"：中国农民社会边缘性的形成》《华人社会中的社会排斥与边缘性》，香港：香港理工大学应用社会科学系政策研究中心出版。

古学斌，2013，《行动研究与社会工作介入》，《中国社会工作研究》第10期。

古学斌，2014，《性别性受苦：中国贵州苗族中年妇女关于家庭暴力的口述见证》，《浙江工商大学学报》第127期4号。

古学斌、龚瑜，2016，《导言：性/别与社会工作》，《与弱势者同行：性/别与社会工作思考》，社会科学文献出版社。

古学斌、陆德泉，2002，《口述历史与发展行动的反省——以中国贫困地区教育扶贫项目为例》，《香港社会学学报》第3期。

古学斌、张和清、杨锡聪，2004，《地方国家、经济干预和农村贫困：一个中国西南村落的个案分析》，《社会学研究》第2期。

古学斌、张和清、杨锡聪，2007，《专业陷阱与文化识盲：农村社会工作实践中的文化问题》，《社会学研究》第 6 期 132 号。

古学斌、张少强，2006，《跳出原居民人类学的陷阱：次原居民人类学的立场、提纲与实践》，《社会学研究》第 2 期 122 号。

古允文等，1988，《社会学与社会福利》，台北：桂冠图书股份有限公司。

国家统计局，1986，《国家八七扶贫攻坚计划（1994~2000 年）》，《中国农业年鉴（1985）》，农业出版社。

国务院，1985，《中共中央、国务院关于帮助贫困地区尽快改变面貌的通知（1984 年 9 月 29 日）》，《中国农业年鉴（1985）》，农业出版社。

国务院，1990，《国务院办公厅转发国务院贫困地区经济开发领导小组关于 1988 年国家机扶贫工作情况报告的通知（1989 年 3 月 18 日）》，《中国农业年鉴（1990）》，农业出版社。

国务院，1991，《国务院批转国务院贫困地区经济开发领导小组关于九十年代进一步加强扶贫开发工作请示的通知（1990 年 2 月 23 日）》，《中国农业年鉴（1991）》，农业出版社。

韩安庭，2010，《输血到造血：引入市场机制转变反贫困思想》，中国社会学网，5 月 28 日。

韩俊，1998，《关于农村集体经济与合作经济的若干理论与政策问题》，《中国农村经济》第 12 期。

何文校，2013，《建国后我国妇女参政的历程及现状》，《重庆邮电大学学报》（社会科学版）第 25 卷第 2 期。

何雪松，2007，《社会工作的四个传统哲理基础》，《南京师大学报》（社会科学版）第 2 期。

何宇飞、居正，2013，《山西永济社会经济案例》，《台湾社会研究季刊》第 91 期。

何芝君，2006，《个人就是政治：女性主义与叙事治疗的契合》，《社会学理论导报》第 9 卷第 1 期。

贺萧、王政，2008，《中国历史：社会性别分析的一个有用的范畴》，《社会科学》第 5 期。

胡幼慧，1996，《质性研究》，台北：巨流图书出版公司。

胡玉坤、郭未、董丹，2008，《知识谱系、话语权力与妇女发展——国际发展中的社会性别理论与实践》,《南京大学学刊》(哲学社会科学版) 第 4 期。

赖秀芬、郭淑珍,1996,《行动研究》,载胡幼慧《质性研究》,台北:巨流图书出版公司。

蕾切尔·卡森,2008,《寂静的春天》,吕瑞兰等译,译文出版社。

李丁讚,2010,《重回土地:灾难社会的重建》,《台湾社会研究季刊》第 78 期。

李慷,1986,《社会变迁中的中国农民生活》,湖南教育出版社。

李小云主编,2001,《参与式发展概论》,中国农业大学出版社。

李小江、朱虹、董秀玉主编,1997,《平等与发展》,生活·读书·新知三联书店。

李晓凤、杜妍智,2008,《社工反家庭暴力的介入对策》,《中国社会导刊》第 24 期。

联合国教育、科学及文化组织,2007,《在 2015 年实现全民教育我们能做到吗?》,联合国教科文组织。

梁丽清,2006,《充权与妇女工作:理论范式的转移》,载梁丽清、陈锦华主编《性别与社会工作——理论与实践》,香港:香港中文大学出版社。

梁丽清、陈锦华主编,2006,《性别与社会工作——理论与实践》,香港:香港中文大学出版社。

林志斌、李小云,2001,《性别与发展导论》,中国农业大学出版社。

刘梦,2003,《中国婚姻暴力》,商务印书局。

刘泗翰,2004,《性/别:多元时代的性别角力》,台湾:书林出版有限公司。

刘伟,2012,《"三农"问题的旧与新》,《南风窗》第 2 期。

刘晓春、古学斌,2007,《解放与被解放?谈批评教育学与社会工作社区发展教育》,《中国社会工作研究》第 5 期。

卢淑华,1999,《科技扶贫社会支持系统的实证研究——比较扶贫模式的实证研究》,《北京大学学报》(哲学社会科学版) 第 6 期。

罗钢、刘象愚,2000,《文化研究读本》,中国社会科学出版社。

马德森,1992,《共产主义统治下的农村》,载 R. 麦克法夸尔、费正清编

《剑桥中华人民共和国史：中国革命内部的革命（1966～1982年）》，俞金尧等译，中国社会科学出版社。

马丁·卡诺伊，1986，《教育政治经济学》，冯炳昆译，《国际社会科学杂志》第2期。

马明洁，2000，《权力经营与经营动员——一个逼民致富的案例分析》，《清华社会学评论》（特辑），社会科学文献出版社。

迈克尔·谢若登，2005，《资产与穷人——一项新的美国福利政策》，高鉴国译，商务印书馆。

迈斯纳，2005，《毛泽东的中国及其后中华人民共和国史》，杜蒲译，香港：香港中文大学出版社。

毛韵泽，1987，《葛兰西：政治家囚徒和理论家》，求实出版社。

米尔斯，2001，《社会学的想象力》，陈强等译，生活·读书·新知三联书店。

尼古拉斯·R. 拉迪，1990，《重压下的中国经济：1958－1965年》，载R. 麦克法夸尔、费正清编《剑桥中华人民共和国史：革命的中国的兴起（1949～1965年）》，谢亮生等译，中国社会科学出版社。

潘毅，2007，《中国女工——新兴打工阶级的呼唤》，任焰译，香港：明报出版社有限公司。

潘毅、卢晖临、张慧鹏，2011，《大工地上——中国农民工之歌》，香港：商务印书馆。

潘毅、严海蓉、古学斌、顾静华主编，2014，《社会经济在中国——超越资本主义的理论与实践》，社会科学文献出版社。

潘英海，1997，《文化识盲与文化纠结：本土田野工作者的文化问题》，《本土心理学研究》第8期。

彭志铭，1999，《穷孩儿：贵州行杂记》，香港：次文化堂。

乔治·瑞泽尔，2005，《当代社会学理论及其古典根源》，杨淑娇译，北京大学出版社。

S. Schech、J. Haggis，2000，《文化与发展：批判性导读》，沈台训译，台北：巨流图书出版公司。

舍恩，2007，《反映的实践者：专业工作者如何在行动中思考》，夏林清译，教育科学出版社。

史提芬·马格林，2003，《农民、种籽商和科学家：农业体系与知识体系》，载许宝强、汪晖选编《发展的幻象》，中央编译出版社。

宋才发，2016，《农村集体土地确权登记颁证的法治问题探讨》，《中南民族大学学报》第 6 期。

苏珊·斯戈齐、珍·哈吉斯，2003，《文化与发展——批判性导论》，沈台训译，台北：巨流图书出版公司。

孙立平，2000，《过程—事件分析与当代中国国家—农民关系的实践形态》，《清华社会学评论》（特辑），社会科学文献出版社。

孙立平、郭于华，2000，《软硬兼施：正式权力非正式运作的过程分析》，《清华社会学评论》（特辑），社会科学文献出版社。

谭贤楚，2011，《"输血"与"造血"的协同——中国农村扶贫模式的演进趋势》，《甘肃社会科学》第 3 期。

陶蕃瀛，2004，《行动研究：一种增强权能的助人工作方法》，《应用心理研究》第 23 期。

佟新，2008，《30 年中国女性/性别社会学研究》，《妇女研究论丛》5 月第 3 期总第 86 期。

童剑，2011，《新贫困标准高低之辩》，光明网 – 光明观察，12 月 2 日，http://guancha.gmw.cn/2011 – 12/02/content_3092052.htm。

王金玲、姜佳将，2014，《中国妇女发展与性别平等面临的五大挑战——以福建妇女社会地位调查数据为例》，《云南民族大学学报》（哲学社会科学版）第 5 期。

王宁，2010，《从节俭主义到消费主义转型的文化逻辑》，《兰州大学学报》（社会科学版）第 3 期。

王蓉，2001，《我国传统扶贫模式的缺陷与可持续扶贫战略》，《农村经济》第 2 期。

王思斌，1999，《社会工作概论》，高等教育出版社。

王政、杜芳琴，1998，《社会性别研究选译》，三联书店。

温铁军，2001，《"市场失灵" + "政府失灵"：双重困境下的"三农"问题》，《读书》第 10 期。

温铁军，2004，《我们到底要什么》，华夏出版社。

沃勒斯坦，2003，《发展是指路明灯还是幻象》，载许宝强、汪晖选编《发展的幻象》,中央编译出版社。

吴毅,2005,《诱民致富与政府致负》,《读书》第 1 期。

夏林清,1993,《实践取向的研究方法》,《由实务取向到社会实践》,台北:张老师出版社。

夏学銮,1991,《社会工作者》,《中国社会工作百科全书》,中国社会出版社。

晓毅,2004,《大跃进与逼民致富》,《招商周刊》第 5 期。

谢立中,1999,《社会工作理论》,载王思斌主编《社会工作概论》,高等教育出版社。

谢丽华,2006,《家庭暴力与农村妇女自杀》,http://blog.sina.com.cn/s/blog_4b55b12a010006he.html。

熊秉纯,2001,《质性研究方法刍议:来自社会性别视角的探索》,《社会学研究》第 5 期。

许宝强,2003,《前言:发展、知识、权力》,载许宝强、汪晖选编《发展的幻象》,中央编译出版社。

许宝强、汪晖选编,2003,《发展的幻象》,中央编译出版社。

闫红红、郭燕平、古学斌,2017,《合作经济、集体劳动与农村妇女——一个华南村落的乡村旅舍实践案例》,《妇女研究论丛》第 6 期,第 36~47。

严海蓉,2000,《现代化的幻影:消费和生产的双人舞》,《台湾社会研究季刊》第 48 期。

严海蓉,2005,《虚空的农村,空虚的主体》,《读书》第 7 期。

杨静,2002,《反对家庭暴力的政策成因——社会建构论的观点》,载荣维毅等编《反对针对妇女的家庭暴力》,中国社会科学出版社。

杨静、夏林清主编,2013,《行动研究与社会工作》,社会科学文献出版社。

叶敬忠、刘燕丽、王伊欢,2005,《参与式发展规划》,社会科学文献出版社。

尤力·阿冒等,1998,《大家来写村史》,台北:唐山出版社。

詹·约尔,1988,《"西方马克思主义"的鼻祖——葛兰西》,郝其睿译,湖南人民出版社。

张和清主编,2008,《农村社会工作》,高等教育出版社。

张和清,2010a,《扶贫经营政治的形成及其社会政治后果——一个少数民族行政村的个案研究》,《广西民族大学学报》(哲学社会科学版)第1期。

张和清,2010b,《国家、民族与中国农村基层政治:蚌岚河槽60年》,社会科学文献出版社。

张和清,2012,《全球化背景下中国农村问题与农村社会工作》,《社会科学战线》第8期。

张和清、古学斌,2012,《重塑权威之下的善政格局——中国乡村治理困境分析》,《学术前沿》第9期。

张和清、杨锡聪、古学斌,2004,《中国农村社会工作的主题与介入策略反思——以西南贫困地区综合社会工作介入项目为例》,载王思斌主编《中国社会工作研究》第2辑,社会科学文献出版社。

张和清、杨锡聪、古学斌,2008,《优势视角下的农村社会工作——以能力建设与资产建立为核心的中国农村社会工作实践模式》,《社会学研究》第6期。

张和清、张扬、古学斌、杨锡聪编,2007,《文化与发展践行——平寨故事》,民族出版社。

张乐天,1998a,《告别理想:人民公社制度研究》,东方出版社。

张乐天,1998b,《浙江省人民公社制度的变迁》,《二十一世纪》8月号。

张李玺、刘梦主编,2004,《中国家庭暴力研究》,社会科学文献出版社。

张鸣,2003,《华北地区土地改革运动的运作》,《二十一世纪》4月号。

张文浩,2009,《国家市场与社会关系视域下的农村贫困问题思考:一个华南山村"一村一品"发展的个案分析》,中山大学社会学系学士学位论文。

张英阵,2015,《贫穷、储蓄互助社与社会工作:平民银行计划的省思》,《社区发展季刊》第151期。

赵昌文,2001,《贫困地区可持续发展战略模式及管理系统研究》,西南财经大学出版社。

赵昌文、郭晓鸣,2000,《贫困地区扶贫模式:比较与选择》,《中国农村观察》第6期。

赵捷,2005,《我们的足迹——云南GAD小组于发展项目中的实践与反思》,载云南社会性别与发展小组《参与性发展中的社会性别足迹》,

中国社会科学出版社。

赵杨,2011,《这是天灾,更是违纪违规导致的人祸》,《南方日报》2月24日。

甄晓兰,1995,《合作行动研究:进行教育研究的另一种方式》,《嘉义师范学院学报》第9期。

郑大华,2000,《民国乡村建设运动》,社会科学文献出版社。

郑新蓉、杜芳琴主编,2000,《社会性别与妇女发展》,陕西人民教育出版社。

中国社会科学院人口与劳动经济研究所,2014,《中国人口年鉴(2014)》,中国社会科学出版社。

中国云南农村妇女自我写真集编委会,1995,《中国云南农村妇女自我写真集》,云南民族出版社。

周华山,1999,《阅读性别》,江苏人民出版社。

周华山,2000,《性别越界在中国》,香港:香港同志研究社。

朱坚真、匡小平,2000,《西部地区扶贫开发的模式转换与重点选择》,《中央民族大学学报》第6期。

朱志强,2000,《社会工作的本质:道德实践与政治实践》,载何国良等主编《华人社会工作本质的初探》,香港:八方文化有限公司。

英文参考文献

Banuri, T. 1990. "Development and the Politics of Knowledge: A Critical Interpretation of the Social Role of Modernization," in Stephen A. Marglin (ed.), *Dominating Knowledge: Development, Culture and Resistance*. Oxford: Clarendon Press.

Benson, P. L. 1997. *All Kids are Our Kids: What Communities Must Do to Raise Caring and Responsible Children and Adolescents*. San Francisco: Jossey-Bass.

Bradshaw, T. K. 2007. "Theory of Poverty and Anti-Poverty Programs in Community Development," *Development*, 38 (1), pp. 7-25.

Bradshaw, T. K. 2007. "Theories of Poverty and Anti-Poverty Programs in Community Development," *Community Development*, 38 (1): 7-25.

Brooks, A. 1997. *Postfeminisms: Feminism, Cultural Theory and Cultural Forms*. London: Routledge.

Browne, C. V. 1995. *Empowerment in Social Work Practice with Older Women*. National Associations of Social Workers, Inc.

Burawoy, M. 1998. "Critical Sociology: A Dialogue between Two Science," *Contemporary Sociology*, Vol. 27 (1), pp. 12 – 20.

Butler, L. S. & Molidor, C. E. 1995. "Cultural Sensitivity in Social Work Practice and Research with Children and Family," *Early Child Development and Care*, 106.

Chambers, R. 1984. *Rural Development: Putting the Last First*. London: Longman Group.

Chambers, R. 1997. *Rural Development: Putting the First Last*. London: Intermediate Technology Publications.

Chant, S. H. 2006. "Re-thinking the 'Feminization of Poverty' in Relation to Aggregate Gender Indices," *Journal of Human Development*, 7 (2), pp. 201 – 220.

College of Nurses of Ontario. 2005. *Cultural Sensitive Care*. Toronto: College of Nurses of Ontario.

Collier, K. 2006. *Social Work with Rural Peoples*. Vancouver: New Star Books.

Compton, B. R. & Galaway, B. 1976. *Social Work Processes*. Rainbow-Bridge Book Co. Press.

Cornwall, A. & Jewkes, R. 1995. "What is Participatory Research?" *Social Science and Medicine*, 41, pp. 1667 – 1676.

Cowger, C. 1997. "Assessing Client Strengths: Assessment for Client Empowerment," in D. Saleeby (ed.), *The Strengths Perspective in Social Work Practice*, pp. 59 – 73. New York: Longman.

Croll, E. J. 1994. *From Heaven to Earth*. London: Routledge.

Croll, E. J. 2006. *China's New Consumers: Social Development and Domestic Development*. London: Routledge.

DA, Wei-Wei. 2004. "A Regional Tradition of Gender Equity: Shanghai Men in Sydney, Australia," *The Journal of Men's Studies*, Vol. 12, No. 2, Winter

2004, pp. 133-149.

Davis, D. S. 2000. *The Consumer Revolution in Urban China*. Berkeley: University of California Press.

Davis, P. & Donald, B. 1997. *Multicultural Counseling Competencies: Assessment, Evaluation, Education and Training, and Supervision*. Thousand Oaks. CA: Sage Publications.

Dominelli, L. 2007. *Feminist Social Work: Theory and Practice*. London: Palgrave.

Duara, P. 1988. *Culture, Powers and the State: Rural North China*, 19001942. Stanford University Press.

Eade, D. 1997. *Capacity-Building: An Approach to People-Centred Development*. Oxfrd: Oxfam.

Eade, D. & Williams, S. 1995. *The Oxfam Handbook of Development and Relief*. Oxford: Oxfam.

Elden, M. & Chisholm, R. P. 1993. "Emerging Varieties of Action Research: Introduction to the Special Issue," *Human Relations*, 46, pp. 121-142.

Escobar, A. 1984-85. "Discourse and Power in Development: Michel Foucault and the Relevance of His Work to the Third World," *Alternatives*, Vol. X, pp. 377-400.

Escobar, A. 1995. *Encountering Development: The Making and Unmaking of the Third World*. New Jersey: Princeton University Press.

Escobar, A. 1998. "Power and Visibility: Development and the Invention and Management of the Third World," *Cultural Anthropology*, 3(4), pp. 428-443.

Escobar, A. & Alvarez, S. 1992. *The Making of Social Movements in Latin America: Identity, Strategy and Democracy*. Boulder, CO: Westview Press.

Foucault, M. 1984. *The History of Sexuality*, Vol. 1: *An introduction*. New York: Pantheon.

Freire, P. 1972. *Pedagogy of the Oppressed*. Harmondsworth: Penguin Books.

Freire, P. 1973. *Education for Critical Consciousness*. London: Sheed and Ward.

Freire, P. 1996. *Letters to Cristina: Reflection on My Life and Work*. London:

Routlege.

Fuller, R., & Petch, A. 1995. *Practitioner Research*. Buckingham, UK: Open University Press.

Gallegos, J. S. 1982. "The Ethnic Competence Model for Social Work Education," in B. W. White (ed.), *Color in a White Society*. Sliver Spring, MD: National Association of Social Workers.

Gao, M. B. 1999. *Gao Village*, Hawaii: University of Hawaii Press.

Germain, C. 1970. "Casework and Science: A Historical Encounter," in R. Roberts & R. Nee (Eds.), *Theories of Social Casework*, pp. 5 – 32. Chicago: University of Chicago Press.

Ginsberg, L. H. 2005. *Social Work in Rural Communities*. Virginia: CSWE Press.

Greenwood, D. J., Whyte, W. F., & Harkavy, I. 1993. "Participatory Action Research as a Process and as a Goal," *Human Relations*, 46 (2), pp. 175 – 192.

Grele, R. J. 1991. *Envelopes of Sound: The Art of Oral History*. New York: Praeger.

Guo, Baorong, Jin Huang, & Sherredan, M. 2008. "Asset-Based Policy in Rural China: An Innovation in the Retirement Social Insurance Programme," *China Journal of Social Work*, Vol. 1, No. 1, pp. 67 – 76.

Gupta, A. 1998. *Postcolonial Developments*. Durham, N. C.: Duke University Press.

Gutierrez, L. M. 1990. "Working with Women of Color: An Empowerment Perspective," *Social Work*, 35, pp. 149 – 54.

Gutierrez, L., Delois, K., & GlenMaye, L. 1995. "Understanding Empowerment Practice: Building On Practitioner-Based Knowledge," *Family in Society*, 76, pp. 4 – 542.

Gutierrez, L. M. & Lewis, E. A. 1999. *Empowering Women of Color*. New York: Columbia University Press.

Hanmer, J. 2000. *Domestic Violence and Gender Relations: Contexts and Connections*, in Hanmer Jalna & Catherine Itzin edited, *Home Truths about Domestic Violence: Feminist Influences on Policy and Practice*. London: Routledge.

Hartford, K. 1985. "Socialist Agricultural Dead: Long Live Socialist Agriculture! Organizational Transformation in Rural China," pp. 31 - 61, in E. J. Perry and C. Wong (Eds.), *The Political Economy of Reform in Post-Mao China*. Cambridge: Harvard University Press.

Healy, B. & Fook, J. 1994. "Reinventing Social Work," in J. Ife, S. Leitman & P. Murphy (Eds.), *Advances in Social Work & Welfare Education*. Australia: University of Western Australia.

Heise, Lori et al. 1999. "Ending Violence against Women," *Population Reports*, Volume XXVII, No. 4, pp. 1 - 44.

Hester, Marianne et al. 1996. *Women, Violence and Male Power: Feminist Activism, Research and Practice*. Buckingham: Open University Press.

Howe, D. 1991. *An Introduction to Social Work Theory*. Burlington: Ashgate.

Ife, J. W. & Lfe, J. 1997. *Rethinking Social Work*. London: Longman.

Imre, R. W. 1985. "Tacit Knowledge in Social Work Research and Practice," *Smith College Studies in Social Work*, 55 (2), pp. 137 - 149.

International Labour Organization. 2006. *Facts on Promoting Gender Equality in the World of Work*. Geneva: International Labour Office.

Jackson, V. & Lopez, L. (Eds.) 1999. *Cultural Competency in Managed Behavioral Health Care*. Dover, NH: Odyssey Press.

James, R. 1994. *Strengthening the Capacity of Southern NGO Partners*. Occasional Paper Series No. 5. Oxford: Intrac.

Johnson, A. G. 1997. *The Forest and the Trees: Sociology as Life, Practice and Promise*. Philadelphia, U. S. A: Temple University Press.

Johnson, G. E. 1982. "The Production Responsibility System in Chinese Agriculture: Some Examples from Guangdong," *Pacific Affairs*, 55, pp. 430 - 451.

Johnson, S. 2005. "Gender Relations, Empowerment and Microcredit: Moving on from a Lost Decade," *The European Journal of Development Research*, 17 (2), pp. 224 - 248.

Judd, E. R. 1992. "Land Divided, Land United," *The China Quarterly* 130, pp. 338 - 356.

Kemmis, S. & McTaggart, R. 1988. *The Action Research Planner.* Geelong, Victoria: Deakin University Press.

Klevens, J. 2007. "An Overview of Intimate Partner Violence Among Latinos," *Violence against Women*, 13, pp. 111 – 122.

Kondrat, M. E. 1999. "Who Is the "Self" in Self-Aware: Professional Self-Awareness from a Critical Theory Perspective," *Social Service Review*, 73 (4): 451 – 477.

Kondrat, M. E. 2002. "Actor-Ccentered Social Work Re-Visioning " Person-in-Environment" Through a Critical Theory Lens," *Social Work*, 47 (4), pp. 435 – 48.

Kretzman, J. P. & Mcknight, J. L. 1993. *Building Communities from the inside out.* Evanston, IL: Institute for Policy Research, Northwestern University.

Ku, H. B. (古学斌). 2003. *Moral Politics in a South Chinese Village: Responsibility, Reciprocity and Resistance.* Lanham, Md. U. S. A.: Rowman & Littlefield Publishers.

Ku, H. B. (古学斌) 2011a. "Happiness Being Like a Blooming Flower: An Action Research of Rural Social Work in an Ethnic Minority Community of Yunnan Province, PRC," *Action Research*, 9 (4), pp. 344 – 369.

Ku, H. B. (古学斌). 2011b. "Gendered Suffering: Married Miao Women-s Narratives on Domestic Violence in Southwest China," *China Journal of Social Work*, Vol. 4, No. 1, pp. 23 – 39.

Ku, H. B. (古学斌) & Ip, D. 2011. "Designing Development: A Case Study of Community Economy in Pingzhai, Yunnan Province, in PRC," *China Journal of Social Work*, Vol. 4, No. 3, pp. 235 – 254.

Laird, J. (Ed.) 1993. *Revisioning Social Work Education: A Social Constructionist Approach.* New York: The Haworth Press, Icn.

Ledwith, M. 2001. "Community Work as Critical Pedagogy: Re-envisioning Freire and Gramsci," *Community Development Journal*, 36 (3), pp. 171 – 182.

Lee, J. A. 2001. *The Empowerment Approach to SocialWork Practice: Building the Beloved Community.* New York: Columbia University Press.

Lewin, K. 1946. "Action Research and Minority Problems," *Journal of Social Issues*, 2 (4), pp. 34 – 46.

Li, V. C., Wang, S., &Wu, K., et al. 2001. "Capacity Building to Improve Women's Health in Rural China," *Social Science and Medicine*, 52 (2), pp. 279 – 92.

Locke, B., Garrison, R., & Winship, J. 1998. *Generalist Social Work Practice: Context, Story and Partnerships*. Pacific Grove, C. A.: Brooks/Cole.

Lohmann, N. &Lohmann, R. A. 2005. *Rural Social Work Practice*. New York: Columbia University Press.

Longres, J. F. & Mcleod, E. 1980. "Consciousness Raising and Social Work Practice," *Social Casework*, 61 (5), pp. 267 – 76.

Lorenz, W. 1994. *Social Work in a Changing Europe*. Birlington: Ashgate.

Lu, A. 1987. "The Reform of Land Ownership and the Political Economy of Contemporary China," *Peasant Studies*, 14, pp. 229 – 249.

Luk, T. C. 2001. "The Politics of Poverty Eradication in Rural China," *China Review* 2000, pp. 513 – 531, Hong Kong: The Chinese University of Hong Kong Press.

MacIsaac, Dan. 1995. An Introduction to Action Research [On-line] (http://physicsed.buffalostate.edu/danowner/actionrsch.html).

McMillen, J., Curtis, Morris, L., & Sherraden, M. 2004. "Problems Versus Strengths: Ending Social Work's Grudge Match," *Families in Society*, 85, pp. 317 – 325.

Midgley, J. 1995. *Social Development: The Developmental Perspective in Social Welfare*. New York: Sage Publications.

Moghadam, V. 1997. *The Feminisation of Poverty: Notes on a Concept and Trend*. Normal: Illinois State University, Women's Studies Occasional Paper No. 2)

Monnickendam, M. S., Katz, C., and Moghadam, V. M. 1997. *The Feminization of Poverty? —Notes on a Concept and Trends* (Occasional papers). Illinois State University, Women's Studies Program.

Monnickendam, M. S. 2010. "Workers Serving Poor Clients: Perceptions of Poverty and Service Policy," *The British Journal of Social Work*, Vol. 40, pp. 911 – 927.

Moyer, A., Coristine, M., Maclean, L., &Meyer, M. 1999. "A Model for Building Collective Capacityin Community-Based Programs: The Elderly in Need Project," *Public Health Nursing*, 16 (3), pp. 205 – 214.

National Association of Social Workers. 2001. *The Standard for Cultural Competence in Social Work Practice*. Washington, DC: (NASW) Press.

Oi, J. C. 1992. "Fiscal Reform and the Economic Foundations of Local State Corporatism in China," *World Politics*, 45, pp. 99 – 126.

O'Hagan, K. 1999. "Culture, Cultural Identity, and Cultural Sensitivity in Child and Family Social Work," *Child & Family Social Work*, 4, pp. 261 – 281.

O'Melia, M. & DuBois, B. 1994. "From Problem Solving to Empowerment-Based Social Work Practice," in L. Gutierrez and P. Nurius (Eds.), *The Educationand Research for Empowerment Based Practice*, pp. 161 – 170, Seattle, W. A.: Center for Social Policyand Practice, University of Washington.

Park, P. 1992. "The Discovery of Participatory Research as a New Scientific Paradigm: Personal and Intellectual Accounts," *The American Sociologist*, Winter, pp. 29 – 42.

Parsons, R. J., Jorgensen, J. D., & Hernandez, S. H. 1994. *The Integration of Social Work Practice*. Belmont, California: Brooks Cole Publishing Company.

Payne, M. 2005. *Modern Social Work Theory*. London: Palgrave Macmillan.

Pei, Y. X. & Ho, P. S. Y. 2006. "Iron Girls, Strong Women, Beautiful Women Writers and Super Girls: A Discourse Analysis of the Gender Performance of Women In Contemporary China," *Lilith: A Feminist History Journal*, 15, pp. 61 – 71.

Perks, R. & Thompson, A. 1998. *The Oral History Reader*. New York: Routledge.

Pilalis, M. 1986. "The Integration of Theory and Practice: A Re-examination of a Paradoxical Expectation," *British Journal of Social Work*, 16 (1), pp. 79 – 96.

Plummer, J. 2000. *Municipalities and Community Participation*. London & Sterling: Earthscan.

Portelli, A. 1998. "Oral History as Genre," *Narrative and Genre*, pp. 23 – 45. London: Routledge.

Pun, N. 2003. "Subsumption or Consumption? —The Phantom of Consumer Revolution in Globalizing China," *Cultural Anthropology*, Vol. 18, No. 4, pp. 469 – 492.

Pun, N. 2005. *Making in China: Women Factory Workers in a Global Workplace*. Durham: Duke University Press.

Reason, R. & Bradbury, H. 2005. *Handbook of Action Research: Participative Inquiry and Practice*. Thousand Oaks, CA: Sage.

Richmond, M. E. 1965. *Social Diagnosis*. New York: The Free Press.

Rodwell, M. K. 1998. *Social Work Constructivist Research*. New York & London: Garland Publishing.

Rowland, J. 1997. *Questioning Empowerment: Working with Women in Honduras*. Oxford: Oxfam.

Saleeby, D. 1997. *The Strengths Perspective in Social Work Practice*. New York: Longman.

Savin-Baden, M. & Major, C. H. 2013. *Qualitative Research: The Essential Guide to Theory and Practice*. London: Routledge.

Scales, T. L. &Streeter, C. L. 2003. *Rural SocialWork: Building and Sustaining Community Assets*. Belmont, CA: Brooks/Cole/Thomson Learning.

Schech, S. & Haggis, J. 2000. *Culture and Development*. London: Blackwell Publishing.

Schein, L. 2000. *Minority Rules: The Miao and the Feminine in China's Cultural Politics*. Durham: Duke University Press.

Sherraden, M. 1991. *Assets and the Poor: A New American Welfare Policy*. Armonk, NY: M. E. Sharpe.

Simon, B. L. 1994. *The Empowerment Tradition in American Social Work: A History*. NY: Columbia University Press.

Slim, H. & Thompson, P. 1995. *Listening for a Change: Oral Testimony and*

Community Development. London: New Society Publishers.

Snow, L. K. 2001. *The Organization of Hope: A Workbook for Rural Asset-Based Community Development*. Chicago: ACTA Publications.

Sokoloff, N. J. & Dupont, I. 2005. "Domestic Violence at the Intersections of Race, Class and Gender," *Violence Against Women*, Vol. 11, No. 1, pp. 38 – 64.

Somekh, B. and Lewin, C. 2005. *Research Methods in Social Sciences*. London: Sage.

Specht, H. & Courtney, M. E. 1995. *Unfaithful Angels: How Social Work Has Abandoned Its Mission*. Free Press.

Stringer, E. T. 1999. *Action Research*. Thousand Oaks, CA: Sage.

Susman, G. 1983. *Action Research: A Sociotechnical Systems Perspective*. London: Sage Publications, pp. 95 – 113.

Templeman, S. B. 2005. "Building Assets in Rural Communities through Service Learning," in L. H. Ginsberg (Ed.), *Social Work in Rural Communities*. Alexandria, VA: CSWE Press.

Thompson, P. 1988. *The Voice of the Past: Oral History*. Oxford: Oxford University Press.

Tice, C. J. 2005. "Celebrating Rural Communities: A Strengths Assessment," in L. H. Ginsberg (Ed.), *Social Work in Rural Communities*. Alexandria, VA: CSWE Press.

Torczyner, J. 2000. "Globalization, Inequality and Peace Making: What Social Work Can Do," *Canadian Social Work*, 2, pp. 123 – 46.

Tönnies, F. 1988. *Community and Society*. New Brunswick, N. J.: Transaction Publishers.

Unger, J. 1985. "The Decollectivization of the Chinese Countryside: A Survey of Twenty-eight Villages," *Pacific Affairs*, 58, pp. 585 – 606.

United Nations General Assembly. 1993. *Declaration on the Elimination of Violence against Women: Proceedings of the 85th Plenary Meeting*. Geneva: United Nations General Assembly.

United Nations Population Fund (UNPF). 1999. *Violence Against Girls and*

Women. New York: UNFPA.

Wallerstein, N. & Bernstein, E. 1988. "Empowerment Education: Freire's Ideas Adapted to Health Education," *Health Education and Behavior*, Vol. 15, pp. 379–394.

Wang, C. & Burris, M. 1997. "Photovoice: Concept, Methodology, and Use for Participatory Needs Assessment," *Health Education Behavior*, 24, pp. 369.

Weick, A., Rapp, C. A., Sullivan, W. P., & Kirsthardt, W. 1989. "A Strengths Perspective for Social Work Practice," *Social Work*, 344, pp. 350–354.

Whyte, W. F. 1991. *Participatory Action Research*. Newbury Park, CA: Sage.

Wightr, E. O. 2006. "Compass Points: Towards a Socialist Alternative," *New Left Review*, 41, pp. 93–124.

Williams, R. 1983. *Keywords: A Vocabulary of Culture and Society*. New York: Oxford University Press.

Yow, V. R. 1994. *Recording Oral History*. London: Sage.

图书在版编目(CIP)数据

农村社会工作：理论与实践/古学斌著. -- 北京：社会科学文献出版社，2018.8
（社会工作硕士专业丛书）
ISBN 978-7-5201-2798-1

Ⅰ.①农⋯ Ⅱ.①古⋯ Ⅲ.①农村-社会工作-研究-中国 Ⅳ.①F323.89

中国版本图书馆 CIP 数据核字（2018）第 103613 号

社会工作硕士专业丛书

农村社会工作：理论与实践

著　　者 / 古学斌

出 版 人 / 谢寿光
项目统筹 / 杨桂凤
责任编辑 / 杨桂凤　任剑润　石云龙

出　　版 / 社会科学文献出版社·社会学出版中心（010）59367159
　　　　　 地址：北京市北三环中路甲29号院华龙大厦　邮编：100029
　　　　　 网址：www.ssap.com.cn
发　　行 / 市场营销中心（010）59367081　59367018
印　　装 / 三河市东方印刷有限公司

规　　格 / 开　本：787mm × 1092mm　1/16
　　　　　 印　张：13　字　数：205千字
版　　次 / 2018年8月第1版　2018年8月第1次印刷
书　　号 / ISBN 978-7-5201-2798-1
定　　价 / 59.00元

本书如有印装质量问题，请与读者服务中心（010-59367028）联系

▲ 版权所有 翻印必究